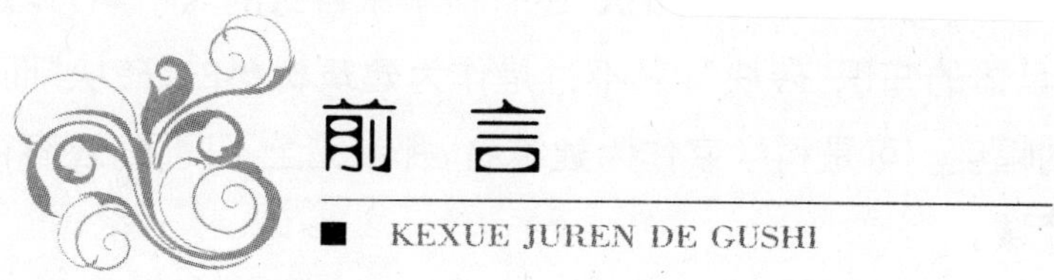

影响世界历史的人

刘兴诗

希望出版社隆重推出的《科学巨人的故事》，是松鹰撰写的十位科学家的传记。

哥白尼、伽利略、达尔文、牛顿、富兰克林、爱因斯坦、法拉第、卢瑟福、玻尔、费米……这些名字，每一个都是一部传奇，每一个都是科学史上的一座丰碑。他们不愧是影响世界历史进程的人。

这套《科学巨人的故事》出自同一位作者之手，风格统一，装帧精美，内容深入浅出，引人入胜。实属科学家传记文学中不可多得的精品。

郁达夫曾评价美国著名作家房龙说："房龙的笔，有一种魔力，但这也不是他的特创，这不过是将文学家的手法，拿来用以讲述科学而已。"

读松鹰这套《科学巨人的故事》，感觉作者的笔具有同样一种魔力。作者毕业于哈尔滨军事工程学院，是国家一级作家，既谙熟科学，又有深厚的文学素养，写科学巨人的生平故事，娓娓道来，妙趣横生，令人不忍释卷，读罢又耐人寻味。

科学家留给我们的遗产是什么？

不消说，是有用的科学知识。

人类的开化，历史的进步，正是一代代科学家，用精湛的科学知识"砖块"，垒砌而成的"摩天大厦"。

科学家留给我们最宝贵的财富是什么？

那就不仅仅是具体的科学知识，还有科学家自身的人格魅力。道理非常简单，一个个具体的知识“砖块”，只不过是作为建筑材料的“砖块”而已，并没有直接延伸的幅度。可是科学家作为建筑者，那就完全不同了，还有很多很多延伸扩展的领域。

让我们这样说吧。科学家贡献出的知识，那就是一块砖。不管多么伟大的科学家，生命总是有限的。不管是哥白尼、伽利略、牛顿，还是爱因斯坦，一生几十年也只能垒砌几块砖、几十块砖，最多一大堆砖而已。可是他们留下的生命经历和科学精神，却永远传诵在人间，写成传记故事世代流传，这才能鼓舞后来者继续奋进，构筑更加宏伟的科学宫殿。从这个意义来说，科学家传记文学不亚于科学本身，道理就非常清楚了。

松鹰这套《科学巨人的故事》就是这样的。它着眼的是阐述科学家孜孜不倦的探索精神，为社会服务、造福民众的思想境界，淡泊名利的高尚情操，以及坚持真理、不迷信权威的信念等等。

科学的道路并不平坦，需要踏踏实实一步一个脚印地攀登。从这个角度讲，我们学习科学家就不仅仅是一些具体的科学知识，更重要的是他们孜孜不倦的研究精神，不求名利的淡泊人生态度。牛顿是这样，法拉第、富兰克林、卢瑟福、玻尔、费米，以及许许多多科学家的人生轨迹，都留下了远比知识本身更加宝贵的精神财富。

松鹰这套《科学巨人的故事》就是这样的作品，我愿意在此向青少年读者们郑重推荐。

2012 年 3 月 18 日于成都理工大学

我愿向英国传媒界进一句忠言，你们应当密切注视着卢瑟福博士的发展……

——居里夫人回答记者采访时说

当我们回顾卢瑟福的一生时，我们当然是在他的划时代科学成就的独一无二的背景上来理解它的，但是，我们的回忆将永远受到他人格魅力的照耀。

——丹麦著名物理学家玻　尔

爱因斯坦、玻尔和卢瑟福，在上帝给我们派来的物理学家中间占有头等的位置。

——荷兰著名科学家艾伦菲斯特

KEXUE JUREN DE GUSHI

LUSEFU

KEXUE JUREN DE GUSHI

LUSEFU

卢瑟福是新西兰著名物理学家，一位富有传奇色彩的科学巨人，被公认为原子物理之父。他发现了α射线、β射线和原子核，揭开了原子的奥秘。卢瑟福通过一系列的实验，证明了铀、钍或镭原子可以分裂，在分裂的过程中，放出了α粒子和β粒子，最后变成另一种元素的原子。他由此提出了著名的元素蜕变假说，指出原子并不是人们原来认为的最小的微粒，它是可以分割的。这一重大发现推翻了整个科学界传统的看法，带有革命性。因为提出放射性元素的蜕变理论，卢瑟福荣获了1908年的诺贝尔化学奖。

中国科普创作大奖得主松鹰倾情奉献

科学巨人的故事

KEXUE JUREN DE GUSHI LUSEFU

卢瑟福

松鹰 著

山西出版传媒集团·希望出版社

物理学家们有理由为自己的信念辩护，因为这些信念是建筑在事实这一坚固的岩石之上的。

——卢瑟福

科学是一步一个脚印地向前发展，每个人都要依赖前人的工作。

——卢瑟福

我从来不给一个人一个以上的题目，也从来不把一个人放在无用的研究项目上。

——卢瑟福（在回答如何能培养出 12 个诺贝尔奖获得者时的答复）

目录

KEXUE JUREN DE GUSHI

★ **新西兰少年** …… 002

勤勉的父亲 …… 003

老爷钟和相机 …… 006

乡下来的学生 …… 007

奖学金 …… 010

★ **大学时代** …… 013

鳄鱼和斑马 …… 014

初探元素之谜 …… 015

梦　想 …… 018

向往剑桥 …… 021

★ **恩师汤姆逊** …… 024

卡文迪许实验室 …… 025

无线电先驱者 …… 028

重大转折 …… 030

大洋彼岸的召唤 …… 036

★ **原子是可分的** …… 040

少帅教授 …… 041

成家立业 …… 045

元素蜕变假说 …… 047

重返英国 …… 053

α粒子之谜 …… 058

MULU

■ KEXUE JUREN DE GUSHI

★ **瞧，原子核！** …… 061

荣获诺贝尔奖 …… 062

原子有一个核 …… 065

卢瑟福的原子模型 …… 068

师生缘 …… 071

战云密布 …… 080

★ **深入物质心脏** …… 085

主持卡文迪许 …… 086

击破原子核 …… 090

追寻中子 …… 093

捷报频传 …… 096

衣锦还乡 …… 100

★ **“现代炼金术士”** …… 102

原子发生了嬗变 …… 103

黄金梦 …… 106

赤字心 …… 109

原子分裂了 …… 114

★ **不倦的“鳄鱼”** …… 118

中子！中子！ …… 119

原子物理新纪元 …… 122

最后的岁月 …… 126

桃李满天下 …… 128

★ **附：卢瑟福生平简历** …… 133

据说著名的剑桥大学三一学院有个传统，常在大厅里用美食款待尊贵的客人。有一次，一位美国学者来访，也被邀请在大厅里用午餐。席间，这位学者一面和主人热情交谈，一面品尝着剑桥的英式烤牛排。当他正大快朵颐时，发现在附近一张高桌子旁，坐着一个模样有些古怪的人，高高的个子，唇上留着一大把胡子，不像通常在这里就餐的教授和学者。

于是，这位美国人走过去，同他攀谈起来。

那个大个子很健谈，两人天南海北地闲聊起来。到后来，话题扯到英国自治领地的农业问题上。客人发觉对方对农业非常内行，谈起澳大利亚、新西兰的农牧业简直如数家珍。

这个美国学者很惊奇。待午餐结束，他好奇地问陪同职员："坐在高桌子旁边的那个澳大利亚农民是谁啊？"

那个职员笑着回答："他就是卢瑟福勋爵。"

美国学者顿时目瞪口呆。

这个外貌极不起眼，土得像个老农的人，竟然就是现代原子物理之父、英国最伟大的科学家卢瑟福勋爵哦！

美国《纽约时报》后来报道了这件事情。

卢瑟福的一生充满了传奇色彩。

他是怎样从一个新西兰乡村少年，成长为举世闻名的科学家的？

他如何发现了原子核的奥秘？

他的学生为什么一个接一个地获得诺贝尔奖？

我们这个故事，讲的就是他辉煌的一生……

KEXUE JUREN DE GUSHI

新西兰少年

勤勉的父亲

qinmiandefuqin

在太平洋的西南角，离澳大利亚不远，有一个被称为“长白云之乡”的岛国。这就是美丽的新西兰。

新西兰风光

新西兰由被库克海峡分开的南、北两岛以及许多小岛组成，宛若南太平洋上的一串璀璨的明珠。早在一千多年前，就有毛利族人在这片岛屿上生活。19世纪时，新西兰成为英国的殖民地。不少英国和其他欧洲国家的移民，不远万里迁徙到这里。新西兰人通用英语，毛利语为本地的土语。

要是有人问你澳大利亚有什么？你会毫不犹豫地回答：“有袋鼠、鸵鸟，还有羊毛。”

要是有人问你新西兰呢？恐怕你就会摇头了。

是的，新西兰太小了。它的面积只有27万平方千米，人口仅有418万。

但是就在这个岛国里，诞生了一位最伟大的物理学家，他就是欧内斯特·卢瑟福。

卢瑟福的祖父是个富有开拓精神的苏格兰人。1842年，他带着三岁的儿子詹姆斯·卢瑟福，搭乘一艘帆船，漂洋过海来到新西兰。这是一次非常冒险的航行。他们航行到一个海湾时，遇到风暴，差点连人带船葬身海底。詹姆斯就是卢瑟福的父亲。如果那次海难未能幸免的话，这个世界上就不会有卢瑟福了。

1871年8月30日，欧内斯特·卢瑟福诞生在泉林村的一所小木屋里。他是家里的第四个孩子，上面有两个姐姐和一个哥哥。卢瑟福的父亲是一个勤勉坚忍的乡村木匠，也是一家之主。母亲贤惠而又能干，对卢瑟福一生影响很大。

卢瑟福四岁时，父亲在附近一个稍大的村庄福克斯希耳村找到一份满意的工作，于是全家迁居到那里。父亲在一家锯木厂制作车轮，收入不错。这时卢瑟福又添了弟弟和妹妹。他们找到一座宽敞的木板房，供人丁不断增加的全家人居住。这座木屋四周带着回廊，屋子前后还有一大片空地。父亲詹姆斯利用这块空地种了不少农作物，以增加家庭的收入。詹姆斯身强力壮，精力充沛，在劳动之余还去客串铁路工人，参加铺筑铁轨。

卢瑟福的童年生活是快乐而又艰苦的。大自然多么广阔！他和村里的孩子们一道下河沟里网鱼，爬上树掏鸟蛋，尽情享受着乡村生活的乐趣。待他个头长高一些时，就到锯木厂帮父亲干活了。傍晚时分，他们全家还得在地里挖土，赶着播种小麦或别的谷物。所以卢瑟福从小就养成了热爱劳动和乐于吃苦的品质。

卢瑟福五岁时进入福克斯希耳村的小学读书。这是一所简陋的乡村小学，班主任是一位很有见识的老师。卢瑟福并不是神童，但他学习踏实勤奋，他的成绩常常受到老师和同学的称赞。不过，这个时候还看不出来卢瑟福将来会成为科学家，他最喜欢的功课是拉丁文和古典文学。

十岁的时候，卢瑟福有朝一日会成大器的迹象才显露出来。他在一本科学教科书的扉页上，歪歪斜斜地写上自己的名字和年龄。这也许表现了一个农家子弟天真的宏愿。这本书的作者是英国曼彻斯特大学的一位物理学教授。据说卢瑟福的母亲一直保存着这本书，晚年时还常常拿出来向别人夸耀。

第二年，卢瑟福全家再度迁居。他们离开了穷乡僻壤，一家老小乘船搬到塔斯曼海湾边的哈夫洛克。这里离纳尔逊区的省会纳尔逊镇很近，毗邻海峡，风光绮丽。

哈夫洛克也有一家锯木厂，詹姆斯很快在厂里找到事做。这位勤劳的苏格兰后裔，充分利用铺铁轨时积累的经验，把住家附近的桦木砍伐下来，做成许多枕木运到利特尔顿港卖。

当时的伐木工人

在卢瑟福儿时的记忆里，那是一幕很壮观的情景：十几艘载满了枕木的帆船，从哈夫洛克出发，乘风破浪，浩浩荡荡地沿着海岸线南下到利特尔顿港。

詹姆斯还是一位大胆的开拓者。他第一个在哈夫洛克试种亚麻，获得可观的经济效益。这种经济作物从前新西兰还没有人种过。这种敢为人先的精神，对少年卢瑟福无疑产生了潜移默化的影响。

老爷钟和相机

laoyezhonghexiangji

卢瑟福呼吸着海风，一天天地长大，滨海生活陶冶了他无拘无束的顽皮性格。他和小同伴们经常到海滩上拾贝壳、翻跟斗、堆沙子，夏天光着屁股在海水里游泳，一个个晒得像泥鳅一样。卢瑟福是个天生好动的顽童，但有时他会静静地坐在石头上，望着海水冲击礁石溅起的雪白浪花出神，变幻莫测的大海引起少年许多遐想。海峡对面，北岛黛青色的轮廓隐约可见，再远就是浩渺无边的海平线。

卢瑟福的个头一天天长高，他的动手能力渐渐凸显出来。

有一天，家里的钟坏了。大家对这只老爷钟都不抱什么希望，但卢瑟福觉得报废有点可惜。放学后，他找来一把螺丝刀，小心地把钟解剖开来。晚上詹姆斯回到家，看见老爷钟变成了一堆七零八落的零件，螺丝锈得发黑，发条成了变形的麻花。

詹姆斯吃了一惊，问道："这是谁干的？"

孩子们都不吭声。卢瑟福说："是我。"

父亲咧着嘴摇摇头，心想，这只钟肯定给报销了。

詹姆斯万万没想到，第二天傍晚回来后，老爷钟竟然端正地摆在平柜上。钟的外壳擦得铿亮，秒针准确地走着，那咔咔的声音像音乐一样动听。

他不禁大为惊奇。

母亲玛莎面带微笑瞅着卢瑟福赞道："这是欧内斯特修好的！"

卢瑟福憨厚地抿着嘴，脸颊兴奋地泛红了。这个新西兰少年表现出的动手能力，也许预示了他将来可能成为一位出色的科学家。

詹姆斯亲切地拍了一下儿子的肩膀:“好样的!”

得到父母亲的鼓励,卢瑟福的创造力更活跃了。不久,他又自制了一台简易照相机。在当时,这玩意儿是很贵的高档品。卢瑟福根据小孔成像的原理,只花了很少的钱,自己设计制作了一台照相机,虽然样子有点土气,但性能却是真格的。照片的冲洗、显影也由卢瑟福一个人承包了。

卢瑟福举着他的发明,叫老爸老妈试镜头,兄弟姐妹们则围在四周起哄。詹姆斯夫妇望着那个小匣子嘴角露出笑容。卢瑟福大声吆喝,咔的一声定格。

相片冲洗出来了。父母亲大人脸上永驻的微笑,仿佛在为儿子的远大前程祝福。

乡下来的学生

xiangxialaidexuesheng

由于学习成绩优秀,1886 年卢瑟福 15 岁时获得奖学金,被保送到纳尔逊学院的五年级读书。这所学校是纳尔逊镇的一所高级中学,师资力量强,教学条件也好。

纳尔逊镇离哈夫洛克不远,是南岛纳尔逊区的行政中心,北面是著名的塔斯曼海湾,风光绮丽。卢瑟福第一次从乡下来到镇上,觉得一切都很新鲜,视野豁然开阔。

纳尔逊学院的院长福特先生是一位严谨的学者,曾在英国马尔博罗学校担任过校长,所以学院的管理也是英国式的,正规而有几分保守。不过福特先生待人和蔼,颇孚众望。

卢瑟福长得高头大马,模样举止没有完全脱去乡下孩子的土气。他又是五年级的插班生,和著名物理学家麦克斯韦上中学时的遭遇一样,同学们起初都爱捉弄他。

“喂,你们家是养恐龙的吧？”一个眯眯眼嬉皮笑脸地说。

“怪不得你长得和恐龙一样高哟！”另一个帮着腔。

“你们家才养恐龙！”卢瑟福反驳了一句,照样埋头看自己的书。

第三个捣蛋鬼从背后悄悄敲他的脑袋,卢瑟福毫无感觉,他完全沉浸在书的内容里了。

老师很快发现,这个从乡下来的高个子少年是个非常用功的学生。他上课专心听讲,课后用功复习,考试时门门功课都名列前茅。

当时在学生中普遍存在着重文轻工的倾向。在学院里，自然科学是选修课。那些脸上长着青春痘的少男少女们,都以满嘴拉丁语和古典文学为高雅,对需要动脑筋的数学、物理课,大都不喜欢,甚至望而生畏。

但是卢瑟福对自然科学感兴趣,他报名选修了自然科学课。

福特院长有位年轻得力的助理,名叫李特约翰,是个很优秀的教师。学生们都很喜欢他。李特约翰也是苏格兰人,老家在苏格兰的名城阿伯丁。和卢瑟福算是有点缘,他恰好是选修课程自然科学课的老师。

第一天上课时,李特约翰夹着皮包走上讲台,空荡荡的教室里只坐着一个男生。换句话说,整个自然科学班只有一名学生。这个小伙子高高的个头,穿着朴素的厚布衫,憨厚的脸膛上,两眼射出渴望的目光。

“你叫什么名字？”李特约翰搁下皮包问。

“欧内斯特·卢瑟福。”卢瑟福恭敬地答道。

“哦,听说你其他功课挺不错。为什么选修自然科学课？”李特约翰对卢瑟福第一印象很好。

“因为听说是你教这门课。”

“哦,是吗？”李特约翰的嘴角露出微笑,“我对学生要求可是很严哟。”

“我不怕。”卢瑟福的回答令他意外。

李特约翰感觉到这个大个子学生身上有股子憨劲。

"读过《北海之歌》吗？"

"读过，是拜伦爵士写的。"卢瑟福的眼里闪过亮光。

李特约翰随口念了一段关于海的诗句。

卢瑟福脸上露出神往的表情。

李特约翰说："知识的海洋无边无际，只有勇往直前，立志为科学献身的人，才有希望达到彼岸。"

卢瑟福对李特约翰肃然起敬。他还不知道李特约翰本是文学博士，他的物理和化学学业完全是自修而成的。

李特约翰显然对卢瑟福留下了深刻的印象。随着关系的进一步加深，他们从师生变成了朋友。班上同学发现，他们常在校园的小路上一边散步，一边讨论科学上的问题。

李特约翰博士成了卢瑟福的第一任启蒙老师，他使卢瑟福懂得了科学的重要意义。卢瑟福对他非常敬佩。

卢瑟福用功，但并不是那种读死书的"板鸭"。他很喜欢运动，比如爬山、游泳，还爱踢足球。知识掌握全面。三年后在纳尔逊学院毕业时，他有五门学科得奖，算得上班上的佼佼者。这五门功课除了数学外，其余四门为英国文学、拉丁文、历史和法语。

就在一年前，物理学界发生了一件激动人心的事：德国青年物理学家赫兹发现了电磁波，用实验证明了麦克斯韦的电磁理论。赫兹的发现轰动了世界，并且导致了无线电的诞生。这件事在少年卢瑟福心中留下了强烈的印象。他对科学怀着一种朦胧的憧憬。

奖学金

jiangxuejin

毕业之前,卢瑟福非常幸运地遇到一个机会。有一天福特院长把卢瑟福叫到办公室,问他愿不愿意参加大学奖学金考试。

“你三年前是怎样进纳尔逊学院的?”福特先生问他。

“是中学奖学金。”卢瑟福答道。

“唔,”院长微微一笑说,“现在有个上大学的奖学金机会,你愿不愿意去考?”

“上大学?”卢瑟福惊喜地睁大了眼睛。

“对,坎特伯雷学院。”福特先生点点头。

卢瑟福兴奋得脸庞泛红,他犹豫着没有马上回答。尽管自己成绩不错,但要竞争大学的奖学金,他没有把握。

“我不知道自己能行不?”卢瑟福迟疑道。

“以你的情况,不妨试试。”院长鼓励他说。

“好吧。”

于是卢瑟福下决心参加了考试。

那是一次公平而又激烈的竞争。考生的实力很强,人数也多,奖学金的名额却只有两个。考完试,学校放暑假了。卢瑟福回到哈夫洛克乡村的家里,他把考奖学金的事告诉了父母。

“你们院长真是个好人呀!”母亲喜形于色。

“有多大把握?”父亲抽着烟问卢瑟福。

“百分之五十。”卢瑟福说得模棱两可。

詹姆斯不吭声了，脸色有些凝重。他意识到，这次奖学金对儿子的前途事关重大。

接下来是静静地等待。卢瑟福帮着家里干些农活，诸如收获亚麻、照料牲口等。有一次，母亲叫他到牧场去把牛牵回家，顺便捡些柴火回来。傍晚时分，卢瑟福回来了。玛莎老远看见儿子骑在牛背上，嘴里还自在地吹着口哨。

“叫你捡的柴火呢？”她嚷道。

卢瑟福把手往牛屁股后一扬，得意地说：“那不是吗！”

美丽的新西兰牧场

母亲探着头一望，不禁又好气又好笑。原来卢瑟福为了省力气，把捡的一根粗树枝捆在牛尾巴梢上了，怪不得这牛今天走路的姿势有点特别。

待牛进狭窄的院门时，尾巴上的树枝卡在了门外。卢瑟福还未回过神来，不料壮牛使劲儿一挣，尾巴梢竟被扯断了。

卢瑟福急忙跑进屋里找出一张膏药给牛尾巴贴上，口里还连连道歉：“唉，牛大哥，真对不起！”

那牛挺通人性的，扬起鼻子大叫一声："哞——"

每当卢瑟福后来给小听众们讲起这个故事时，孩子们都要天真地问："那截断了的尾巴呢？"

"哦，那截尾巴，"卢瑟福眨眨眼狡黠地说，"我听人说断了的尾巴还能长出来，于是把它埋在地里了！"

要是没有奖学金的机会，说不定卢瑟福真的会一辈子在哈夫洛克"埋牛尾巴"了。闭塞的乡村将是他永远的家。

所幸的是命运之神向他露出了微笑。也许连掌管科学的太阳神阿波罗都觉得，这个踏实好学的农家子弟不继续深造太可惜了。

这一天，卢瑟福正在菜园子里挖土豆。妈妈满面红光地跑来，高声喊道："欧内斯特，你取上了，取上了！"

"取上什么啦？"卢瑟福开始没有听懂，傻乎乎地问。

当他突然明白了母亲说的是大学奖学金时，高兴得把手中的铁锹猛地甩掉了。

"这恐怕是我挖的最后一颗土豆吧！"他平静地说。

这次奖学金对卢瑟福的意义是重大的、具有历史性的，这是他走上攀登科学高峰之路的一个起点。这一年是 1889 年，卢瑟福 18 岁。

许多年后，据卢瑟福的一位同学回忆，卢瑟福自己常常说起，要不是那次获得了奖学金，他可能会成为一个农民，他那特殊的才能也许永远没有用武之地了。

的确，两次奖学金改变了他的一生。

KEXUE JUREN DE GUSHI

大学时代

鳄鱼和斑马

eyuhebanma

坎特伯雷学院设在南岛东海岸的克赖斯特彻奇。这个城名太长，又有些拗口，我们索性叫它“克城”好了。

克城是坎特伯雷行政区的首府，与当年卢瑟福父亲运卖枕木的利特尔顿港紧挨着。坎特伯雷学院的校址就在城里的一座小山上。爬上山顶，可以望见蓝色的海湾和白帆。

坎特伯雷学院是新西兰大学的分院，用现在的标准看，只能算个规模不大的理工学院。卢瑟福进校时，全校总共只有 150 名学生。老师的人数更少，仅有 7 名教授。

不过，俗话说得好：“山不在高，有仙则灵。”卢瑟福在坎特伯雷大学遇到的老师都相当有本事。其中有两人后来曾指导他的学士论文，对卢瑟福日后的学

坎特伯雷学院

业和成就有较大影响。一位是物理学教授比克顿，另一位是数学家科克教授。

比克顿是个不受传统观念束缚的学者，醉心于宇宙学研究，虽然他的理论没有产生重大影响，但是他那天马行空的思想、热烈追求科学的精神，对卢瑟福很有启迪作用。科克教授与比克顿正好相反，是一个正统而近于严峻的教师。他的数学课对学生要求十分严格，教学方法严谨，一丝不苟。卢瑟福从他的讲课中获益匪浅，因为数学是掌握现代科学必备的工具和重要基础。

可以说，这两位老师对卢瑟福的成长，起到了奠定基础的重要作用。到大学毕业时，卢瑟福的物理、数学得到"两个第一"，不是偶然的。

同学们对卢瑟福的评价是："没有早熟的才华，但认准了目标就会百折不回。"也就是说，他身上有一股子憨劲，一种不达目的誓不罢休的可贵精神。或许就是这个原因，在卢瑟福成名之后，朋友们亲昵地把他比作"鳄鱼"。因为号称"爬行之王"的鳄鱼只向前行，从不后退。卢瑟福思维机敏，在争论时他时常采用苏格拉底的辩论法(有点富兰克林的风格)，以子之矛攻子之盾，使对方陷入逻辑困境。

除了锻炼口才，卢瑟福还很喜欢体育运动。由于卢瑟福的个子高大，被派做足球队的前锋。当他穿着短裤、条纹衣在绿茵场上奔跑夺球时，活像一匹笨拙的斑马。

初探元素之谜

chutanyuansuzhimi

到大学三年级时，坎特伯雷学院成立了科学研究学会，卢瑟福成了首批热心的会员。每次科学研究学会开会，都要讨论一些同学们关注的科学题目。有一次的讨论题目为《元素的演变》，是由卢瑟福提议的，大家讨论得非常热烈。

宇宙中大多数物质都是由不同元素组成的化合物，只有少数物质，如金、银、铜等是不含任何杂质的天然元素。迄今为止,人们已知的元素共有 109 种,其中 89 种是天然的,有 20 种是人工合成的。

人类发现元素的历史,是一部神秘而富有戏剧性的科学探险史。公元前 4 世纪,古希腊哲学家认为,世界上的物质由四种元素组成:土、空气、水和火。1661 年,英国化学家波义耳第一次给元素下了个明确的定义。他指出,元素是一种基本物质,它可以和其他元素相结合形成化合物,但不能被分解为任何比它更简单的物质。不过波义耳错误地以为,纯金不是一种元素。1669 年,德国学者勃兰德利用加热的方法提炼出了磷,开了人工提炼元素的先河。

玻义耳

波义耳去世后,化学家们开始想弄清楚,哪些物质不能再分解为更简单的物质,哪些物质可以再分解。英国科学家卡文迪许从水中分解出氢,发现了氢和氧化合而形成水,于是人们知道了水不可能是元素。到了 1775 年,一位法国化学家拉瓦锡又把空气分解为氧和氮,证明空气也不是元素。古希腊哲学家的设想被事实证明错了。元素奇迹般地一个个被发现!其中最富有戏剧性的,是英国的大化学家戴维。1807 年,29 岁的戴维用电解法发现了钾、钠元素;第二年再次发现新元素钡、锶、镁、硼;两年后他又用实验证明,被拉瓦锡误认为是氧化物的氯其实是一种元素。

到了卢瑟福读大学的时候,学术界对元素的探索不断有新的进展。但是元素的本质究竟是什么?从一种元素能不能够转化成另一种元素?等等,这些都是学生们关注的热点,因而他们的讨论也格外热烈。卢瑟福当时并没有想到,他后来的一生辉煌竟与当时讨论的课题有缘。

新西兰当时比较穷，坎特伯雷学院的教学条件很简陋，物理系和化学系所在的理化楼是用木料和铁皮搭建的，有点像工棚。实验室里的仪器也很简单。但卢瑟福并不计较这些。他相信真正的科学天才，即使在简陋的条件下也能进行科学研究。正像美国有本颇为权威的摄影教材说的，"照一张好照片，并不一定需要复杂的照相机和镜头"。卢瑟福从小就养成了动手的好习惯，没有良好的仪器，他就试着自己设计动手来做。他后来的许多重大科学发现，都是利用构造简单的仪器完成的。这正是卢瑟福的过人之处。

拉瓦锡

戴　维

1892 年，21 岁的卢瑟福取得了文学学士学位，他的指导老师就是比克顿教授和数学家科克教授。理科学生授以文科学位，这在当时是依照英国一些古老大学的传统。卢瑟福并不满足，他因为数学成绩优异获得了研究生奖学金，可以继续在校学习一年。

卢瑟福充分利用这一年的机会，刻苦研读。功夫不负有心人，一年后他不仅取得文学硕士学位，而且数学和物理学两门功课双双得了第一。母亲听到这个好消息，不禁兴奋得写信给卢瑟福读中学时的福特院长报喜。可见这是很不容易的。

四年的学院生活，对大多数学生来说已经足够了。但卢瑟福却并不急于考虑寻找工作和挣钱，他决定再读一年，争取获得文科、理科双学位。当时要想获得理科学士学位，要求很高。要想获得这一学位的学生，必须进行有创见的科学研

21岁的卢瑟福

究。卢瑟福选择的课题，是当时最新的发现——"赫兹波"，即无线电的研究。

有趣的是，卢瑟福大学时代最感兴趣的两个课题，一个与元素有关，另一个与无线电有缘。前者后来成了他毕生研究的专业（探索原子之秘），无线电则成了他终生难舍的爱好。

所以有人开玩笑说，卢瑟福一生有两个爱人：原子物理是他的妻子，无线电是他的情人。

梦 想

mengxiang

自从1888年赫兹发现电磁波以来，只有三四年时间，各国科学家竞相投入到无线电的研究中。他们希望找到一种有效的办法，能把电磁波检测出来，这样就能实现用电波传递信息。这个激动人心的课题，同样使青年学子卢瑟福跃跃欲试。

赫 兹

1890年卢瑟福读大二时，一个名叫布冉利的法国人发明了一种金属屑检波器，可以在140米远的地方探测到电磁波信号。布冉利的检波器是一个装着细铁屑的玻璃管，玻璃管的两头接着导线和电池。没有电磁波时,玻璃管的铁屑是松散的,不能导电;当电磁波辐射到玻璃管时,里面的铁屑被磁化而粘在一起,电流能够通过,从而起到检测电磁波的作用。

不过,布冉利的检波器距实用还有很大的距离。

卢瑟福决定改进布冉利的检波器,所以他的理科学士学位题目选择了这个研究课题。他的指导老师是比克顿教授。

理化楼有个简陋透风的地下室,学生们把它叫做“小破棚”,平时只作挂衣帽用。卢瑟福就把这间小破棚当做实验室,并且用最简单便宜的材料,自己制造所需的仪器。经过半年多的努力,他采用高频电流使铁针磁化的办法,巧妙地制作了一种磁性检波器。这种检波器,是一个中心放着一束磁化过的细钢针的线圈。当电磁波到达线圈时,线圈的感应作用可以使钢针暂时失去磁性,从

卢瑟福的第一个实验室(坎特伯雷学院的地下室)

而达到检测的目的。卢瑟福的磁性检波器比起布冉利的金属屑检波器，灵敏度要高得多。

1894 年初夏，卢瑟福在学院的科学研究学会上宣读了研究论文，论文的题目为《使用高频放电法使铁磁化》。这篇有独创见解的论文使他获得了理科学士学位。

同年，他的论文发表在《新西兰协会学报》上，世界各国的科学家都知道了卢瑟福的名字。不少人相信，这位陌生的新西兰青年学者，将是最有希望的无线电发明家。

同在 1894 年，英国皇家学会会员洛奇也成功地改进了布冉利的检波器。这位长着络腮胡的教授在相距几百米远的地方，用电磁波传递了莫尔斯电码。

其他国家的发明家也不甘落后。一位名叫台思拉的南斯拉夫人，在纽约发表了电磁波接收的调谐原理。台思拉是一位发明交流电的怪才，曾击败倡导直流电的美国大发明家爱迪生。几乎与卢瑟福同时，台思拉对用电波传递信息也发生了兴趣。他做了很多试验，成功地用电波启动了远处的电灯开关，这实际上开了无线电遥控的先河。

遗憾的是，赫兹在 1894 年元旦英年早逝，未看到他的发现所蕴藏的巨大的实用价值。在赫兹发现电磁波的第二年，一位朋友曾写信问他，可不可以利用电磁波来进行通讯，赫兹当时回信说："如果要利用电磁波进行信息传递，大概需要一面像欧洲大陆那样大的反射镜才行。"没想到，事情的发展远远超出了赫兹的预想！

卢瑟福的论文在《新西兰协会学报》发表后不久，他在一座 18 米长的工棚里，做了一次用电磁波传递信息的表演。有人把这次表演中收发的信号，称作"越过新西兰上空的第一份无线电报"。

无线电成了青年卢瑟福的一个梦想，他和许多探索者一样，盼望着有一天电波能够越过大洋，把信息传到地球的任何一个地方。

向往剑桥

xiangwangjianqiao

获得理科学士学位后，卢瑟福在克城的一所中学当过一段代课老师。和电波之父麦克斯韦一样，卢瑟福也不是一个理想的教师。麦克斯韦讲课时，由于讲得太快，学生们经常“坐飞机”。卢瑟福讲话的速度倒是不快，但是据说在他代课的班上，学生们七嘴八舌甚至大吵大闹的场面屡见不鲜。

究其原因可能有两种：一是卢瑟福对课堂纪律过于宽松，允许学生自由发挥，因此那帮毛头小子失去控制，往往就不知天高地厚了；二是卢瑟福讲课时的内容偏深，超出了学生们能接受的理解程度，所以学生们就各行其是，或者自己看书，或者交头接耳，根本不听老师讲课。

卢瑟福偶尔也有生气的时候，向越轨的学生出示“黄牌”。学校里有一种“学生品行考核本”，专门记录违纪学生的表现，以便课后留校处罚。考核本通常放在校长办公室里，由受罚学生自己去取。这些鬼精灵很快就学会了对付代课老师的办法。他们之中谁要是被责令去取考核本，只要故意在教室外磨蹭一会儿，然后悄悄溜回自己的座位，就没事了，因为卢瑟福先生这时多半已经忘了刚才的不快。

好在卢瑟福当代课老师的时间不长。由于一项难得的奖学金机遇，这段小插曲很快就结束了。

这项奖学金是很有名气的英国“1851 年奖学金”。它是由 1851 年伦敦博览会的盈余设立的，每年奖给成绩出类拔萃、有培养前途的学生，让他们到英国的著名高等学府学习或者搞研究工作。那里不仅有充足的经费、优越的教学条件，还有更多的机会接触科学界的精英和名士，了解世界科学的潮流，得到更多的发展机会。

可以想见,这项奖学金对英属地的青年学者更具有特别的吸引力,因为在新西兰或者澳大利亚、加拿大,即便学习成绩再好也不可能得到这些。

卢瑟福的论文发表后,他的才能引起了学术界的瞩目。有人建议他争取这项奖学金,到英国的剑桥大学去学习。卢瑟福听从了这个建议,满怀希望地报了名。

英国的剑桥大学创立于1209年,是英国首屈一指的高等学府,有着良好的科学传统,牛顿曾经在那里工作过30多年,达尔文和麦克斯韦也都是剑桥的毕业生。

卢瑟福非常向往能到那里去学习。

所以说,23岁的卢瑟福这时有两个梦想:一是发明无线电,二是去英国剑桥大学深造。

不过,要获得"1851年奖学金"非常不容易,因为名额只有一个。换句话说,每年全新西兰只有一个幸运儿能得到这个机会。

这次奖学金的竞争,说来颇有点戏剧性。

新西兰大学最后推选了两名奖学金候选人,一个是卢瑟福,另一位是名叫马克洛林的青年学者。卢瑟福提交的论文,是他的电磁波研究的最新实验报告;马克洛林是位优秀的化学家,他提交的论文题目为《黄金的分析和处理》。

按照规定,奖学金的两位主考人由英国皇家学会指定的两位专家担任。他们仔细比较了两篇论文,发现两位候选人的论述和成果各有千秋。大概因为黄金的选题更具实用性,两位主考人斟酌了一番,决定把奖学金授予马克洛林。

这样一来,卢瑟福去剑桥大学学习的梦想就成了泡影。

也许是好事多磨。那两位主考人觉得,卢瑟福的论文选题新颖,富有创见,表明他更具有发展前途,所以建议授予卢瑟福第二笔奖学金。这样两名候选人就可以同时去英国留学了。但是皇家学会的考试委员会不同意增加名额,理由是不能开这个先例。

在最后一刻，一个极偶然的原因，使卢瑟福如愿以偿。这就是马克洛林当时已经结了婚，有了家累。他很快在新西兰找到一份报酬不菲的工作，自己提出放弃奖学金的申请。这样一来，奖学金就顺理成章地给了卢瑟福。他总是那么有运气。

其实，卢瑟福当时也有了女朋友，名字叫玛丽，是卢瑟福房东的大女儿。两人感情很好。不过，玛丽理解卢瑟福赴英求学的心情，完全支持卢瑟福的决定。她懂得，给一个追求科学的学者做妻子，需要有作出牺牲的思想准备。

卢瑟福离开新西兰之前，同玛丽正式订了婚。卢瑟福送了一枚银戒给未婚妻。也许从戴上戒指那一刻起，玛丽就意识到自己面临的将是苦苦的等待。

1895 年，卢瑟福告别玛丽和家人，踏上了人生的新里程。

当他登上开往英国的轮船时，心情既激动又兴奋。当年他的祖父和父亲远渡重洋从英国来到新西兰，如今他要离开这个小岛去英国深造，也是去寻根，一想到这些，他的心中不禁升起一种“天高任鸟飞，海阔凭鱼跃”的感觉。他随身带着一封比克顿教授的推荐信，还有自己发明的“磁性检波器”。

粗犷的汽笛声响起，轮船起锚徐徐离港。

卢瑟福站在甲板上，回头看着渐渐远去的新西兰海岸，心里喃喃地说：“再见了，新西兰！”

卢瑟福即将去工作的研究单位，是闻名世界的剑桥大学卡文迪许实验室，主持这个实验室的是英国最负盛名的物理学家约瑟夫·汤姆逊博士。在前面等待他的将是什么呢？

KEXUE JUREN DE GUSHI

恩师汤姆逊

卡文迪许实验室

kawendixushiyanshi

卡文迪许实验室位于剑桥的自由学校巷,是一幢古朴厚实的三层大楼,里面分布着若干物理实验室,设备齐全。

实验大楼的橡木门上,镌刻着一句《圣经》:“主之作为,极其广大;凡乐为者,皆应考察。”

这座英国首屈一指的实验室于1872年破土修建,1874年落成。实验室的创建人和第一任主任,是伟大的电磁理论家麦克斯韦。麦克斯韦为了这座建筑耗尽了最后的心血。后来接替他的是著名的物理学家瑞利。实验室的第三任主任,就是约瑟夫·汤姆逊。

约瑟夫·汤姆逊1856年生于英国的曼彻斯特,毕业于剑桥大学。他接替瑞利出任卡文迪许实验室主任时,年仅28岁,算得上是剑桥的英才。卢瑟福赴英学习时,汤姆逊刚满39岁。

卢瑟福赴英后,先在伦敦作了短暂逗留。呼吸着南太平洋海风长大的他,对英格兰的阴冷气候颇不适应。伦敦潮湿的烟雾,给了这个新西兰青年一个小小的下马威。卢瑟福才到几天就感冒了,喉咙红肿咳嗽,说话时发出一种奇怪的嗞音。

卢瑟福给汤姆逊教授写了一封信,报告自己已经到了英国,在伦敦稍事逗留,即赴剑桥报到。

很快,他就接到约瑟夫·汤姆逊亲切的回信。教授在信中表示乐于尽一切可能帮助他,并告诉卢瑟福,剑桥大学专门为卢瑟福设了一个研究学位,他可以在导师的指导下进行两年的研究,然后获得这一学位。

剑桥大学卡文迪许实验室外景

卢瑟福非常兴奋，感冒刚痊愈，就搭车赶到离伦敦100千米的剑桥。他怀着一颗虔诚而景仰的心，走进了卡文迪许实验楼的橡木大门。

师生俩第一次见面，卢瑟福有一点拘谨。汤姆逊中等个儿，肤色黝黑，浑身充满着活力。他谈笑风生，不拘礼仪，卢瑟福很快克服了腼腆情绪。

他取出比克顿教授写的推荐信，恭敬地递给汤姆逊。

汤姆逊拆开信，只见信上写道：

“卢瑟福先生才华横溢，通晓数学方法，对于电学的最新成就具有极为广博的知识。该生为人诚恳厚道，乐于助人，凡与他有过交往的人莫不竭诚称道，视为良师益友。我衷心祝愿他在英国的科学研究同他在新西兰一样，取得非凡的成就。”

字里行间，明显地流露出对卢瑟福的信赖和赞许。

看过推荐信，汤姆逊微笑地瞥了卢瑟福一眼，对这个来自新西兰的研究生不禁刮目相看。

“欢迎你加入卡文迪许的集体！”他说。

卢瑟福很感动，觉得身上流过一股暖流。从这一刻起，他同汤姆逊结下了终生的师生之谊。

汤姆逊

由汤姆逊领导的卡文迪许实验室，是一个充满活力的科研集体。汤姆逊是这个研究集体的灵魂。他的杰出组织才干和人格魅力，吸引大家紧密地团结在一起，深入到物理学更广阔的天地去探索。实验室学术气氛浓郁，全体工作人员只关心一件事，就是现代物理学的发展。大家对汤姆逊都怀着一种由衷的爱戴和敬仰。

卡文迪许实验室有个传统，就是实验设备大都是自己制作的，这些仪器外观看起来尽管有点原始，不漂亮，但性能却是一流的，完全符合设计要求。这种自己动手的精神，正是汤姆逊倡导的，它完全符合“用简单的相机拍出最好的照片”的原则。卢瑟福的长处在这里找到了用武之地。

剑桥大学以前不接纳外校的毕业生，卢瑟福是实验室的第一个研究生。由于他长得粗壮，英语带着明显的地方腔，初来乍到，显得有些不合群。开始时，旁人常爱讪笑他。

“怪不得这家伙人高马大的，听说新西兰的老鼠比猫都大！”

“昨天我们在山上逮到一只长耳朵野兔，提起脖子一瞧，它瞪着眼睛挺像个毛利人！”

实验室有两个古板的职员，听说卢瑟福在学术界有点名气，但他们并不相信。每次路过卢瑟福的实验室房间时，他们都要朝门里探头张望，然后发出嗤嗤的笑声。在他们眼里,卢瑟福是一只从新西兰乡村飞来的笨鸟,两人想瞧瞧这只“笨鸟”下的是什么蛋。

起初,卢瑟福并不介意,但次数多了,觉得自尊心受到了挑战。有一天,当那两位职员又往他的房里探头探脑时,卢瑟福出来笑眯眯地请他们进去,然后一脸恭敬地说:

“我的实验正遇到一个麻烦问题,想向二位请教。”

“哦,什么问题哟?”两人交换了一下眼色。

“我老在琢磨,这东西应该怎么改进,才能提高它的灵敏度?”卢瑟福指了指桌上的磁性检波器,眨眨眼,模样厚道地问。

两个职员盯着桌子,不觉傻了眼。他们从来没有见过这一类东西,脸上露出茫然的表情,好尴尬。他们明白了,卢瑟福研究的课题远远超出了他们理解的水平,从此两人再也不来打扰卢瑟福了。

无线电先驱者

wuxiandianxianquzhe

卢瑟福到剑桥的第一年,继续从事他的电波接收研究,实验使用的仪器都是自己制作的,汤姆逊很赏识他的动手能力和惊人的实验技巧。在汤姆逊的指导下,卢瑟福对自己的磁性检波器作了进一步改进。他把空心线圈中央的钢针长度缩短到1厘米,直径只有百分之七毫米,线圈本身的缠绕也非常精细。改进后的检波器灵敏度大大提高。

1896年,卢瑟福同汤姆逊联名发表了《通过高频放电使铁磁化以及关于短钢针效应的研究》的论文。研究生和导师联名发表个人的研究论文,是学术界的一种惯例。汤姆逊还在伦敦皇家学会上宣读了这篇论文,表明汤姆逊对卢瑟福选题的充分支持和重视。

这篇论文报告了在距发射机800米远的地方检测电波的方法，实验地点选在人口稠密的剑桥城区，并且取得了成功。实验证明：无线电波不仅适应于在开阔的乡村传播，也适应于在繁华的大都市里使用。

初出茅庐的卢瑟福

据论文介绍，卢瑟福的发射机是一台火花式发射机器，由金属棒、两个相距半英寸的铜钮和一对大金属片构成，金属片起着发射天线的作用。在铜钮间隙产生电火花时，就有电磁波辐射出来。接收机设在800米以外的地方，接收天线由两根对称的长2英尺的金属制成，下面连着磁性检波器的金属丝线圈。当电波信号到达时，由于电磁感应作用，线圈中央的细磁化钢针暂时失去磁性，因而随之脱落，与磁体相连的一面小镜子会发生偏转，这样就可监测出电磁波信号。卢瑟福的实验还证明：电磁波信号可以通过砖石墙，也可以通过偶尔挡住检波器的人体。这揭示了无线电应用的远大前景，在当时，这无疑是非常辉煌的研究成果。卢瑟福的这个检波器，至今还保存在卡文迪许实验室里，被当做该实验室的一份光荣的遗产。

卢瑟福的这项成果，使他当之无愧地成为无线电的先驱者之一。可惜的是，他没有把自己的成果进一步推向商业应用。

就在卢瑟福发表论文的这年初夏，一位21岁的意大利青年来到伦敦，为推广自己的收发报机发明四处奔走并很快取得了英国政府的专利，得到英国邮电总局的资助。这个幸运儿就是马可尼。几个月后，马可尼在邮电总局总工程师普利斯博士的帮助下，在英国索尔兹伯里平原上，进行了一次远达8千米的无线电信号传递实验。第二年5月11日，这位年轻的发明家又在英西南部

马可尼

海岸的布里斯托尔湾，成功地进行了无线电的跨海实验。

马可尼因为发明无线电，于1909年和一位德国科学家布劳恩共同获得诺贝尔物理学奖。

这是科学史家们饶有兴趣的一个问题：为什么最有希望的无线电发明家卢瑟福，最后让马可尼得了头彩？有传记作者认为，原因是卢瑟福对经商图利不感兴趣，所以没去申请专利；还有人说，因为他不是电气工程师。

其实，真正的原因是在这个时候，卢瑟福在汤姆逊的引导下研究方向发生了重大转折，他的视线投向了另一个神奇的领域。

重大转折

zhongdazhuanzhe

汤姆逊当时的一项重大的研究，正面临着柳暗花明的境地。

很久以来，汤姆逊就对阴极射线的研究有兴趣。这是一个很有诱惑力的科学难题。

大约在1858年，一位名叫普吕克尔的德国物理学家，在观察稀薄气体中的放电现象时发现，正对着阴极的管壁有绿色荧光出现！这个奇特的现象引起了人们极大的兴趣，研究气体放电现象一时成了热门。后来有物理学家确认了，这是从阴极发出的一种射线，因此称为“阴极射线”。不过阴极射线究竟是什么东西，研究者们却一直搞不清楚。

德国的物理学家推测，阴极射线是一种电磁辐射，也是一种波。赫兹也支持这个观点。英国的两位物理学家瓦尔利和克鲁克斯则认为，阴极射线是一种带负电的物质微粒，理由是它在磁场中会发生偏转。还有人说阴极射线是一种带电的原子……总之，众说纷纭。种种观点相持不下，但谁也证明不了自己是对的。

汤姆逊带领学生对这个现象已经研究了四五年，它是卡文迪许实验室的主攻目标。就在卢瑟福到剑桥后不久，汤姆逊的研究取得重大突破。汤姆逊认为，带电微粒说更符合实际。他设计了一个形状特别的阴极射线管，用实验证明了阴极射线是一种带负电的微粒，并测量出这种带电微粒的电荷和氢离子的带电量相同，而重量却只有氢原子的一千八百分之一。

就这样，汤姆逊发现了电子！

1897年4月30日，汤姆逊向英国皇家研究所报告了自己的发现。汤姆逊的研究论文《论阴极射线》随即公布，引起了物理学界的广泛瞩目。这是世纪之交物理学最伟大的发现之一。因为这一发现，汤姆逊后来荣获了1906年的诺贝尔物理奖。在汤姆逊之前，人们都以为原子是最小的、不可分的，电子的发现，表明有比原子更小的微粒，从而揭开了人类认识微观世界的序幕。

在这之前不久，伦琴在研究阴极射线时，意外发现了另一种奇异的射线。这种看不见的射线，能使裹着黑纸的底片曝光，并能穿透人的肉体。伦琴把它

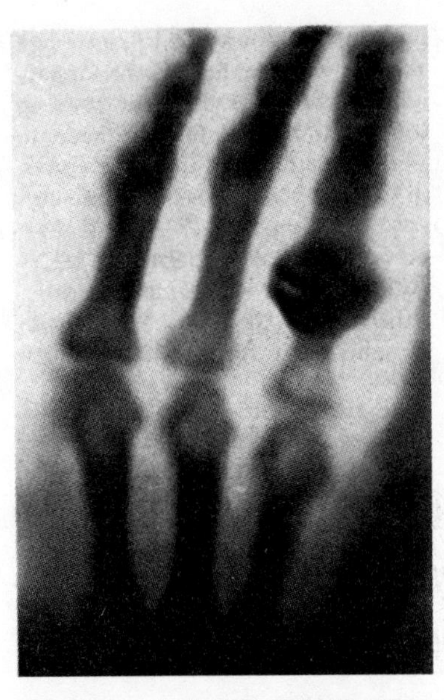

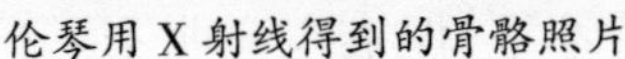
伦琴用X射线得到的骨骼照片

伦　琴

称作X射线。X射线的发现，在全世界引起轰动。许多科学家纷纷重复伦琴的实验。汤姆逊发现用这种穿透能力极强的辐射照射放电的气体，会有许多新奇的现象，于是他建议卢瑟福参加，一起研究X射线对气体放电的影响。

当时卢瑟福手头的检波器研究正好告一段落，汤姆逊的建议对他有莫大的吸引力，因为这是一个富有挑战性的最新科研课题。

卢瑟福这时正打算同新西兰的未婚妻完婚，需要一笔足够的钱。如果他的检波器能够投入实际运用，就会产生经济效益，所以他很关注这个问题。

恰好有一天，著名的天文学家鲍尔爵士来卡文迪许实验室访问。鲍尔是英国科学界声望卓著的元老，他的莅临使研究员们十分兴奋。汤姆逊陪着爵士巡视各个实验室。走到楼上的一间实验室时，汤姆逊指着一个宽肩膀的高个青年，郑重其事地向爵士介绍：

“这位是来自新西兰的研究生欧内斯特·卢瑟福先生。”

“哦，就是发明检波器的那个卢瑟福？”爵士听说过这个名字，脸上露出微笑，“能瞧瞧你的新发明吗？”

“我非常乐意效劳。”

卢瑟福当场演示了电波透过墙壁被检测的试验。鲍尔兴致勃勃地观看了卢瑟福的表演，他拿起桌上的磁性检波器，饶有兴趣地端详了一会儿。

“电波信号在多远还能检测到？”他问卢瑟福。

“几英里远没问题。”卢瑟福答道。

“如果把发射机装在灯塔里，只要在船上装上检波器，就能接收到灯塔的电波信号，即使大雾弥漫的时候也不用怕触礁了！”鲍尔爵士说。

鲍尔的设想实际上预见了无线电导航，即后来的雷达。循着这条思路研究下去，卢瑟福完全有可能把他的发明投入到商业运用，并且带来可观的经济回报。

但就在这时，汤姆逊建议他把检波器研究暂时搁一搁，以便集中精力参加X射线及其气体效应的研究。

鱼和熊掌不可兼得。卢瑟福经过一番考虑，终于作出选择。几个月后，人们已发现他的兴趣和视线转向X射线和气体放电。在恩师的引导下，卢瑟福的探索目标转到了一个全新的研究领域。这是他一生事业的重大转折。

整个1897年，卢瑟福都潜心于气体放电的研究，他成天同感应圈和放电管打交道，他的实验技巧如鱼得水，得到充分的发挥。不久，他和汤姆逊联名发表了关于气体电离理论的著名论文。这一成绩表明卢瑟福在新领域取得了进展。

贝克勒尔

卢瑟福还怀着很大的兴趣研究了铀的辐射作用。他很想知道，铀放射出来的X射线是否具有普遍性。

不谋而合的是，法国科学家贝克勒尔也在考虑这个问题。他想，X射线和荧光既然都是阴极射线产生

的，两者之间有什么关联呢？贝克勒尔一家三代都是研究荧光物质的，他父亲老贝克勒尔曾最早拍摄太阳光谱。贝克勒尔找来一块铀盐，准备观察它在日照后发出荧光的同时，会不会产生 X 射线。走运的是，碰巧天气不好，没有太阳，贝克勒尔把铀盐和黑纸包裹的底片一起放在抽屉里。一连几天都是阴天，贝克勒尔等得有点不耐烦了，他从抽屉里取出铀盐和原封不动的底片，心想铀盐没有经过太阳照射，也许底片上会得到非常微弱的影子。于是他把黑纸包着的底片冲洗出来，结果让他大吃一惊：底片的廓影非常清晰，这表明它受到了很强的辐射！那一天是 1896 年 3 月 1 日。贝克勒尔发现的辐射不同于 X 射线，也不是荧光，而是一种新的物理现象。他是第一个发现放射性的人。

事情并没有结束。这是一个激动人心的年代，现代物理学的重大发现一个接着一个，令科学家们兴奋不已。

与此同时，法国的居里夫妇也在研究铀。这对不辞辛劳的伉俪发现，除了金属铀以外，元素钍也具有放射性。他们还意外发现某些铀矿物比纯金属铀具有更强的放射性。两人乘胜追击，在一个非常简陋的实验棚里，从几吨沥青铀矿中分离出一种极少量的黑色粉末状元素，其放射性比同等数量的铀强 400 倍。居里夫人为这种新元素取名为钋，以纪念她的祖国波兰。紧接着，他们又从沥青铀矿里提炼出放射性比铀强百万倍的镭！

物理学界沸腾了。

由于发现放射性的卓越贡献，居里夫妇后来和贝克勒尔共同获得了 1903 年的诺贝尔物理学奖。

居里夫妇的发现引起卢瑟福的极大兴趣。不过卢瑟福不是踩着居里夫妇的脚印走，而是选择从另一个角度进军。他不是探索哪些元素具有放射性，而是研究放射出的射线到底是什么。

1898 年初，卢瑟福发现从铀中辐射的射线不止一种：其中一种射线可以穿透五十分之一毫米厚的铝箔；另一种辐射更强，能够穿透约半毫米厚的铝

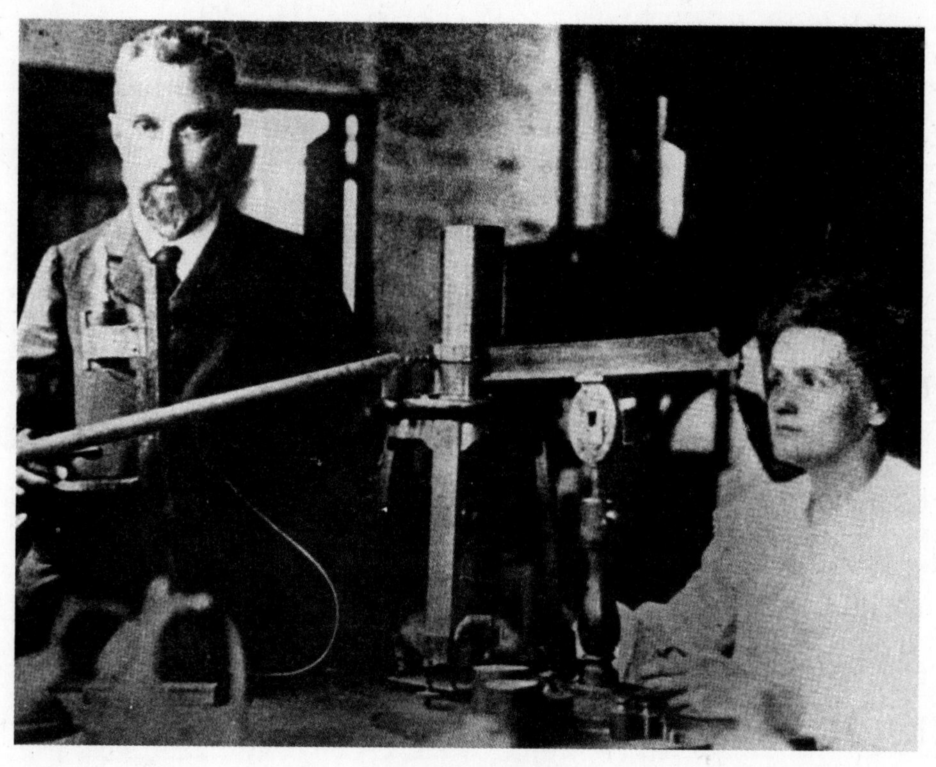

居里夫妇在实验室

箔。为了简便起见，卢瑟福把前者称为 α 射线，把后者称为 β 射线。卢瑟福后来又进一步研究证明，α 射线带正电，实际是氦原子核；β 射线带负电，实际是一种高速电子束。

1900 年，一位名叫维拉德的法国科学家又发现，在镭的辐射中除了 α 射线和 β 射线外，还有一种中性射线，它在磁场里不发生偏转，可以穿透铅箔，其贯穿力比 β 射线更强。卢瑟福把这种射线称为 γ 射线。α、β、γ 射线的发现，标志着人类对放射性的研究取得了重大进展。

电子、X 射线和放射性，被称作是世纪之交物理学的三大发现。有意思的是，这三者都源于阴极射线的研究。卢瑟福的研究路线，恰好和这三大发现有着亲缘关系，他后来能成为原子物理学的开山鼻祖也就不奇怪了。

卢瑟福的研究成果得到汤姆逊的赞赏，不久，他的名声就传遍了物理学界。

大洋彼岸的召唤

dayangbiandezhaohuan

正当卢瑟福准备对α射线、β射线进行深入研究的时候，他的命运又面临着一次选择。

远在新西兰的未婚妻，一直在苦苦等待他。转眼三年过去了，婚约仍然是个桃色的梦，玛丽经受着离别的思念和巨大的压力。每当收到她情意缱绻的来信，卢瑟福都会感到一丝歉疚和责任。

但像卢瑟福这样的情况，必须得到教授职位或者三一学院的会员资格，才有经济条件完婚。在剑桥大学，来自海外属地的学生人数少，势单力薄，卢瑟福要被提名为会员很难。剩下的路子，就是等候机会做教授了。

正好加拿大蒙特利尔的麦基尔大学物理学教授空缺，校方需要物色一个能全面主持实验室工作的人。这个职位，相当于是加拿大的卡文迪许实验室主任，麦基尔大学自然非常看重，所以特地派专人到人才济济的剑桥来遴选。卢瑟福获知这个消息，有点动心。

在剑桥大学的一些助理人员中有一种说法，就是"宁为鸡头，不做牛尾"。不少人觉得，即便在加拿大的大学做教授，也比在剑桥做一个副教授或者当个老资格讲师强。在人才云集的剑桥，混上十年也不一定有做教授的机会，所以加拿大校方代表的到来，成了卡文迪许实验室里的热门话题，有意角逐者不乏其人。

卢瑟福虽然也报了名，但感觉希望不大。因为按资历和名望，竞争者都比他有优势，同时他还有点犹豫，就是不知道汤姆逊会不会放他。

在给未婚妻的信里，卢瑟福流露出这种举棋不定的心情。

1898年4月,他给玛丽的信里写道:“我不知道,汤姆逊会不会同意我去。薪金一年500英镑,也不算高……不过只要汤姆逊不反对,我也许去试一试。”

半个月后,他在信中又说:“我不打算竞争蒙特利尔的教授职位了。”

玛丽读完信有点困惑,她弄不清办事一向果断的未婚夫为什么这次会这么优柔寡断。

事实上,卢瑟福正面临着一个对他一生有重大影响的选择:是继续留在汤姆逊的麾下搞研究,还是去蒙特利尔的大学自立门户、独当一面?而且这当中还有多种因素的权衡,诸如恩师的态度、被选中的把握有多大、经济收入的考虑以及对大洋彼岸那块土地的陌生感,等等。

500英镑的年薪,对一个正教授虽然不算高,对卢瑟福来说却是不菲的报酬了。当时从伦敦横渡大西洋到加拿大的船票才12英镑。如果能如愿以偿,卢瑟福的结婚费用再也不用发愁了。

又过了一个星期,卢瑟福在信中告诉玛丽:“经过慎重考虑,我决定到蒙特利尔的大学去任职。即使当不了教授,也可能会给我带来发展的机会。”

一个年仅29岁的助理研究人员,要担任加拿大名牌大学的教授,并领导一个设备优良、技术先进的实验室,这在当时的确很难找到先例。虽然有鲍尔爵士和其他几位知名人士的推荐信,卢瑟福也没有胜出的把握。

在这关键时刻,汤姆逊的态度起了决定性的作用。

从内心讲,汤姆逊并不愿意卢瑟福离开卡文迪许实验室,卢瑟福既是他的学生,又是得力的助手,他非常器重这个新西兰青年学者特殊的才能和那股子韧劲。但是汤姆逊理解,到蒙特利尔任职对卢瑟福来说是个难得的机会。一旦卢瑟福有了自己的实验室和助手,他的科学事业会得到更大的发展。

当卢瑟福作出决定,忐忑不安地征询汤姆逊的意见时,汤姆逊微笑着只说了一句话:

“蒙特利尔是一块新的天地,我不阻拦你的选择。”

卢瑟福大喜过望。没想到,汤姆逊轻松的一句话,就解决了他顾虑最大的难题。

6月初,卢瑟福正式提出了到蒙特利尔的申请。

他兴奋地写信给玛丽说:“我已作出了选择,也许我正在拿自己的命运去作典押呢!”

汤姆逊给蒙特利尔方面寄去一封信,竭力推荐卢瑟福出任麦基尔大学的教授职务。这位开明的伯乐在推荐函中写道:

“卢瑟福先生是卡文迪许实验室最优秀的研究人员,在创造性的科学研究中,我从未见过有比卢瑟福更加充满激情和干练有为的学生……本人认为,无论哪所大学能邀请到卢瑟福先生去担任物理学教授,都将是非常幸运的!”

以汤姆逊的卡文迪许实验室主任身份和他在学术界的影响,他的推荐意见肯定起了举足轻重的作用。

卢瑟福本人并不知道这件事。如果事先他读过汤姆逊的推荐函,他一定会对自己的人选增加信心。

所以,当蒙特利尔委派考克斯博士和麦基尔大学的校长彼得森来剑桥,对卢瑟福进行面试时,卢瑟福还忐忑不安,因为考克斯博士一见他的面就说了句:“哦,你这么年轻呀!”

他们询问了卢瑟福的学术简历、主持实验室的设想以及本人的要求等意见。会面结束时,彼得森校长同卢瑟福握了握手,但没有表态。

几天后,卢瑟福的一个好朋友向他透露:加拿大的客人已经向蒙特利尔方面提议,决定聘请卢瑟福出任麦基尔大学物理学教授。卢瑟福又惊又喜,但还有点不相信。

正在他将信将疑时,考克斯博士约他单独见了一次面。在这次长谈中,他被聘请的消息得到了证实。考克斯博士是位资深数学家、麦基尔大学的物理系主任,他向卢瑟福详细介绍了蒙特利尔的情况。卢瑟福对主持实验室的研究工作满有把握，但对讲课多少有点顾虑。考克斯博士友善地表示，今后卢瑟福如果需要理论教学方面的协助，他可以助一臂之力。

卢瑟福怀着激动欢快的心情写信给玛丽说："同我共享快乐吧，亲爱的，度蜜月的日子已经不远了！"

他还写信把喜讯告诉了远在新西兰的母亲。老人家接到信后高兴得一夜没睡着觉，喃喃地说："蒙特利尔离英国有多远呀？"

"远着呢，中间隔着大西洋！"詹姆斯惬意地抽着烟斗。

1898 年 9 月，卢瑟福收拾好行装，起程赴加拿大。

剑桥大学三一学院的院长祝福他鹏程万里。院长说，像卢瑟福这样身上兼有苏格兰、新西兰和剑桥大学血统的青年学者是很难得的，再加上加拿大的陶冶，可望终成大器。

"也许有一天，我们还会欢迎你重返母校。"

没料到，院长的话后来果然应验了。

卢瑟福依依告别剑桥的师长和同仁，在卡文迪许的三年，他得到了很多收获。他忘不了汤姆逊的知遇之恩，也忘不了卡文迪许优良的科研传统。

临行前，卢瑟福完成了关于发现 α 射线、β 射线的研究论文《铀辐射和它产生的电导》。这篇论文是他在剑桥研究工作的一个小结，第二年发表在《哲学杂志》上。

当卢瑟福登上约克希尔号帆船的甲板时，心头涌上一种即将去远征的兴奋和新鲜感。三年前他从新西兰来英国时，是借钱买的船票，如今他不用再为筹措路费发愁了。

大西洋的海风将送他到一个陌生的国度，那里充满着未知数，但却有机会得到一片可以任他展翅翱翔的天空。

KEXUE JUREN DE GUSHI

原子是可分的

少帅教授

shaoshuaijiaoshou

卢瑟福到达蒙特利尔，受到麦基尔大学师生们的热情欢迎。

蒙特利尔是加拿大的第一大城市，距首都渥太华很近。这里的气候比新西

加拿大麦基尔大学

兰冷，冬季寒冷多雪。不过，卢瑟福很快就适应了新环境，他尤其喜欢这里的秋天，漫山的枫叶看上去很美。

麦基尔大学的情况不错，是加拿大数一数二的高等学府，学校的财源颇为充足。最初是由来自苏格兰的商人麦基尔——因经营毛皮生意发了财——出资创建了这所学院，于是就以他的名字命名为麦基尔学院。后来，一位名叫麦克唐纳的烟草大王又慷慨解囊，捐赠了上百万美元，将学院扩建成一所综合大

少帅教授卢瑟福

学，从而发展成为加拿大颇有名气的最高学府。

上任的第二天，考克斯博士陪着卢瑟福参观了实验室。实验楼的建筑颇为讲究，实验室的条件虽然比卡文迪许稍逊一筹，但在加拿大也算是一流的了。卢瑟福打量着一套套齐全的设备，兴奋得像个大孩子。

考克斯博士向实验室的人员介绍道：

“这位就是实验室的新主任欧内斯特·卢瑟福先生。”

卢瑟福向大家点头。

见他的模样像个刚毕业的大学生，众人眼里流露出惊奇的目光。

卢瑟福报以友善的微笑，仍然是一脸的孩子气。

的确，他是实验室的一号领导，但又是实验室最年轻的人，实验室大部分人员的年龄是他的两倍。要让大家信服，必须有真本事才行。他的前任卡伦德教授，是位德高望重的英国物理学家。实验室的人员起初都有点怀疑，他的能力是否能比得上卡伦德教授。只有考克斯博士坚信不疑卢瑟福是个难得的人才，他主动为卢瑟福协调各种关系，并帮他解决一些日常事务方面的难题。

大家渐渐喜欢上了新来的头儿。卢瑟福平易近人，不摆教授架子，而且长着一副农民的憨厚模样，笑起来带着一股孩子气，有人背后亲昵地叫他“少帅教授”。

卢瑟福第一次给大学生们上课的场面，很有点戏剧性。他走上厚重的讲台，望着阶梯教室里一张张雅静的年轻面孔，一刹那想起在克城的中学代课的

情景,那些雅静的面孔突然间变成一张张调皮的鬼脸。他镇静了片刻,打开讲义夹,开始侃侃地讲起来:

"19 世纪只剩下最后一段时光,我们正处在世纪之交的历史时刻,物理学孕育着一场伟大的革命。诸君也许知道,1895 年伦琴发现了 X 射线;1896 年贝克勒尔发现放射性;1897 年,也就是去年,我的老师汤姆逊教授发现了电子。这一系列的重大发现,打破了传统物理学的沉闷空气,揭开了现代物理学革命的序幕……"

讲义的内容是他认真准备的,概括了物理学崭新的发展。但是卢瑟福没有料到,对于在场的学生们来说,这些内容却完全是陌生的。他们以往学的都是经典物理学的东西,自然觉得他讲的内容太深奥。卢瑟福无意间发现,前排的学生大眼瞪小眼地瞅着黑板直发愣,后排有学生悄悄用手蒙着嘴打哈欠。

下课后,在走廊上卢瑟福遇到考克斯博士。考克斯在他上课时特地到现场巡视了一圈。卢瑟福没有多大把握地说:"我不知道学生们的感觉如何。"

考克斯博士笑道:"估计有一半人坐了飞机。"

卢瑟福有点尴尬:"哦!那另一半呢?"

"另一半嘛,掉进了五里云雾里。"博士诙谐地说。

"那不是没有人听懂吗?"卢瑟福恍然大悟。

"没关系。"考克斯安慰他说,"我第一次上大课时,学生溜走了一大半,最后只剩下一名听众。我很感动,问他为什么不走,他回答说:'我今天值日,负责擦黑板。'"

说罢,两人都大笑起来。

其实,就连考克斯博士当时也认为物理学已经发展到了尽头,不会有什么大的突破,难怪学生们会"坐飞机"了。

"我觉得物理学并不像你说的那样,正孕育着一场革命。"考克斯博士坦率地说。

"为什么？"卢瑟福问。

"我认为，物理学从牛顿发展到今天，大的框架早已经定了，很难有大的突破！我们只可能在某些局部作些细化，或者最多填补一些冷门知识而已。"

卢瑟福出于礼貌，没有反驳考克斯博士的话，但他执著地说："我相信，X射线、放射性和电子，是新旧世纪之交物理学最重要的发现。凭我的直觉，好戏肯定还在后头！"

"是吗？"考克斯博士笑着摇头，"那咱们就等着看好戏啰。"

不过没有多久，考克斯博士就改变了对物理学现状的保守看法，原因是卢瑟福对射线的研究有了许多新发现，让考克斯博士大开眼界，这些发现在从前看来是不可思议的。

到新岗位才一个月，卢瑟福就向卡文迪许实验室求援，请求他们寄一些铀和钍的制剂来，以便继续完成在剑桥的研究——深入探索 α 射线、β 射线的特征。很快，卡文迪许实验室寄来了他要的材料。卢瑟福喜出望外，立即投入研究。不久他就指出，带负电的 β 粒子和汤姆逊发现的电子是一样的。这个结论两年后被法国科学家贝克勒尔所证实。1900 年，贝克勒尔通过电场和磁场的偏转实验，确定了 β 粒子的电量质量比，证实了 β 射线就是高速的电子。

但是揭开 α 射线之谜要难得多，这在以后会提到。

在剑桥时，卢瑟福的放射性研究主要以铀矿为材料，现在他首选用钍做实验，因为钍元素的放射能力半年前才引起关注。实验结果表明，钍的放射性特征在某些方面和铀一样。

有位来自哥伦比亚大学的研究生欧文斯，对卢瑟福很敬佩，他请求卢瑟福给他指定一个研究课题，最好能和自己的专业结合。欧文斯是一位电气工程师，于是卢瑟福建议他不妨用钍来做实验，研究一下带电的 α 粒子和 β 粒子。

欧文斯接受了卢瑟福的建议，用钍元素重复铀元素的一些实验。意想不到的是，他发现电荷测量结果很不稳定，似乎实验室开一下门，对实验结果都有影响。欧文斯猜测，是实验室里的气流把钍片辐射的粒子“吹”散了。卢瑟福立即用铀进行追踪实验。实验证明，α 粒子和 β 粒子并不易被吹散，它们几乎不受气流的影响。

这就意味着，钍辐射出的也许是一种奇妙的新物质！它来自金属钍，但和 α 粒子和 β 粒子又截然不同，卢瑟福谨慎地给它取了个新名字——“钍射气”。后来发现，这实际是一种放射性元素衰变后生成的放射性气体。

不久，从法国传来消息，在居里夫妇的鼓励下，青年科学家唐恩发现镭衰变后也生成了放射性气体，不同的是“镭射气”存在的时间比“钍射气”短得多，所以更难发现。

“真没想到，物质的内部还有这么多的未知数啊！”考克斯博士惊叹道。

卢瑟福兴奋地点点头，若有所思地说：

“总有一天，我能找到揭开物质之谜的钥匙！”

成家立业

chengjialiye

卢瑟福以极大的热情投入到新的研究中，几乎每天，他都在实验室工作到深夜。他在麦基尔大街的一所公寓里租了一间卧室，离大学很近，房东是个爱挑剔的英国老女人。蒙特利尔的房租相当贵，据卢瑟福给未婚妻的信里所说，一间鸽子笼大小的房间，每年租金要 100 英镑。这样算下来，他的教授收入并不高。

远在新西兰的故乡，玛丽正苦苦地盼着他们的婚期。

可是一个穷教授，何时才能完婚呢？卢瑟福迟迟下不了决心，一是为了先在事业上奠定个基础，二是为了积攒些钱。为了多攒点钱，他还兼了第二职业，

为一家电车公司设计检测电机振动的记录仪。这种仪器类似气象学家们后来使用的大气压记录仪，可以在缓缓旋转的纸带上连续作记录。卢瑟福再一次展示了他出色的动手能力，他的设计不仅获得公司的赞赏，也得到实验室同仁们的一致认可。不久，他的名声就在蒙特利尔传开了。

几个月后，卢瑟福发觉自己成了当地的知名人士。1899 年 5 月，加拿大皇家学会特地邀请他去渥太华作学术报告。这是一次别开生面的科学演讲，题目是卢瑟福情有独钟的“无线电报”。

这次演讲原定由一位美国人来讲，但此人因为临时生病不能来了。加拿大皇家学会的头儿急中生智，想到有位无线电的先驱就近在眼前，于是，他们向 100 千米外的麦基尔大学的卢瑟福教授发出邀请。这时离报告的日期只有一天时间了。

卢瑟福欣然接受了邀请，他稍事准备，立即匆匆赶往渥太华。在加拿大皇家学会的大厅里，他向几百名听众作了关于无线电报的科普演讲，并且当场演示了他在新西兰和英国使用过的“检波器”。现场的听众情绪热烈，眼界大开。就在卢瑟福这次演讲后两个月，马可尼成功地实现了英法多佛尔海峡两岸间的无线电报联络，通信距离创下 45 千米的记录。人类的交往和沟通迎来一个崭新的纪元。

1900 年新年的钟声敲响了。那当、当的响声，仿佛预示着一个伟大的世纪来临了。

卢瑟福推开窗户，望着漫天的雪花，眼睛里充满了柔情。在这迎接新世纪到来的时刻，他终于作出了结婚的决定。

玛丽已经等了他整整五年。

1900 年 4 月 18 日，卢瑟福搭上了一艘从美国旧金山起程的轮船，在太平洋上经过三个星期漫长的航行，于 5 月 9 日回到阔别多年的新西兰。父母亲为他的归来高兴得彻夜难眠，许多老朋友都来看他。初夏，他和玛丽在故乡举行了婚礼,一对有情人终成眷属。这时卢瑟福已是“而立之年”,他是科学家里先立业后成家的一个典范。

度完蜜月，卢瑟福和新娘一起赴加拿大。他们在法米尔大街租了一套房子,定居下来。

卢瑟福的事业开始了最辉煌的阶段。

元素蜕变假说

yuansutuibianjiashuo

从新西兰度假归来,卢瑟福发现实验室来了一位新助手,他就是年轻的化学家索迪。索迪是来自英国的研究生,长着一张娃娃脸,只有23岁,是实验室里年龄唯一比卢瑟福小的人。

卢瑟福当时也不过30岁。他本人是一个物理学家,而放射性研究工作涉及许多元素的专业知识，正需要化学方面的专门人才，索迪的加盟如同及时雨,使他兴奋不已。

“上帝给我派来了帮手！”他对妻子说。

索迪是一个杰出的化学新秀,对卢瑟福慕名已久,两人一见如故,成了最佳搭档。在他们合作的两年时间里,硕果累累。由于有索迪助一臂之力,卢瑟福在原子物理学上获得了重大的突破。可以说,这是科学史上老师与学生、物理学家与化学家的一次最佳组合。

1901年末，他们成功地从钍化合物中分离出一种放射性很强的物质,他们给它取了个神秘的名字——“钍-X”。卢瑟福和索迪发现,分离后的钍化合物几乎失去了放射性,但是几个星期后,钍-X渐渐失去了放射性,而钍化合物的放射性又恢复到原来的水平。如果把放射性的这种变化在时间坐标上绘出来,恰好是两条一升一降的指数曲线。有意思的是,两条曲线的速率正好一致。

卢瑟福和索迪非常兴奋和激动,他们由此断定,钍的放射性实际上是钍-X的生成和衰变的总和。

正当他们全力埋头于放射性实验时,卢瑟福收到70岁高龄的物理学家克鲁克斯爵士的一封来信。克鲁克斯是阴极射线研究的老前辈,在物理学界久负盛名。爵士在信中告诉他说,法国科学家贝克勒尔在一次实验时发现,一些没有放射性状况的铀盐,经过一段时间后,又奇怪地呈现出放射性,不知是为什么。这一现象与卢瑟福、索迪的发现正好吻合。

为了验证它的普遍性,卢瑟福准备选择铀来做实验。不过当时铀的制剂很紧俏,市面上很难买到。居里夫人获悉他们的困难后,从法国寄来了一些铀的样品。卢瑟福非常感动,他一生对这位伟大的女性都怀着敬仰之情。卢瑟福和索迪发现,在实验中铀也发生了与钍类似的变化。分离后的铀只辐射α粒子,从铀分离出来的"铀-X"只辐射β粒子。师生俩对这些错综复杂的现象跟踪追击,对γ射线也同时进行研究。

通过一系列的实验,他们终于证明了铀、钍或镭原子确实是可以分裂的。在分裂的过程中,放射出了α粒子和β粒子,最后变成另一种元素的原子——它比最初的原子略轻一些,也简单些。

这个发现直接导致了卢瑟福在蒙特利尔的最大成就。与年轻的助手一起,卢瑟福提出了关于放射性的科学解释。在1902年,卢瑟福和索迪提出了著名的元素蜕变假说,两人在论文中阐明,放射性现象本质是原子自发衰变的过程。一种原子放出α射线、β射线,衰变成不同性质的另一种新原子!这种变化在性质上不同于以往的任何化学反应,它不是原子之间结合方式的变化,而是原子本身发生了变化。

卢瑟福和索迪的观点表明,原子并不是人们原来认为的不可分割的东西,它可以分割成更小的东西。

这一理论推翻了整个科学界传统的看法,是带有革命性的。

德谟克利特

道尔顿

早在两千多年前，古希腊哲学家德谟克利特就提出，宇宙是由原子构成的，原子是一种小小的、不可再分的微粒。这种哲学观点一直为人们所接受。

19 世纪初，英国一位戴着深度近视眼镜的物理学家道尔顿提出原子论，第一个把古代的哲学推测变成了科学理论。道尔顿指出：物质是由不可分割的原子组成；原子在化学反应中性质不变；不同的元素由不同的原子组成，每一种原子有确定的原子量。

道尔顿的原子论打开了化学世界的大门，是人类认识大千世界的一个飞跃。但是原子论的基点确立在原子是组成物质的最小微粒上，因此它存在着很大的局限性。直到卢瑟福提出元素蜕变说以前，全世界的科学家们都确信，原子是不可分割的。物理学和化学的全部基点，都建立在这一点上。所有的物理现象和化学反应，都局限在原子这个层次上。

现在，卢瑟福和索迪郑重地向世界宣布：原子不是最小的微粒，它是可以分割的，原子的结构非常复杂！

原来，宇宙的构成是这么奇妙啊！

从这一天起，原子物理学揭开了它的神秘面纱。科学家们纷纷把视线投向

原子内部的神秘世界，一个个激动人心的崭新发现接踵而至，中子、人工放射性、原子核、链式反应……直到后来研制出威力无比的原子弹。

据一位朋友回忆，卢瑟福在几年后曾自豪地说："原子永恒不变的学说在1902年遭到了毁灭性的打击。"

说这话一点儿也不为过。

这就是卢瑟福在原子物理方面作出的具有革命性的贡献。

在这之前的1901年，也是卢瑟福丰收的一年。

1901年3月30日，他的独生女儿爱琳·玛丽诞生了。这是他和玛丽爱情的结晶。在卢瑟福的心目中，小爱琳比他的任何科研成果都更珍贵，也更可爱。每天他忙完实验回到家里时，这个牙牙学语的小家伙都会给他带来无穷的乐趣。

就在这一年，他又重温旧梦，痛快地过了把"无线电报"的瘾。起初是应校方的要求，请他给学生们举办一次科普讲座，于是，卢瑟福在麦基尔大学作了一次即兴的无线电演讲。这一次演说的效果是轰动性的。场下挤满了听众，有些找不到座位的学生甚至爬上屋顶，透过通风的天窗来听讲。卢瑟福在给母亲的一封信中，提到这次演讲的盛况。老人家读了信，高兴得嘴都合不拢。

"这孩子是在表演魔术吧？这么多人挤着瞧！"

事实上，着魔的不仅是学生，卢瑟福本人对无线电迷恋的程度从来就没有减弱过。在1902年间，他还试图对一辆快速行驶的火车传送无线电信号，他的此番计划得到铁路部门的热情支持。结果在多伦多城，卢瑟福成功地在8英里外把无线电信号传到火车上。他的无线电发明家的风采和水平，实在不减当年！

1903年，卢瑟福还进一步判明了α射线的性质。

α射线和β射线就像是卢瑟福生的一对孪生子女。β射线是一个乖巧的小女孩，冰清玉洁，一目了然；α射线却是一个调皮捣蛋的小男孩，神秘兮兮

的，让人捉摸不透。自从发现以来，α 射线的本质一直是个谜，它不像 β 射线那样容易弄清。因为 β 射线是高速电子束，电子的质量小，在磁场里很容易偏转；而 α 射线似乎是重粒子，即质量相当大，其运动轨迹不轻易偏转。

居里夫人曾比喻说，α 射线就像弹丸一样，射出去后难以转弯。另一位科学家斯特拉斯猜测："这种不可偏转的射线，可能是某种带正电的快速粒子，其质量大到同原子一样。正因为它比电子重得多，所以在磁场中运动方向不显示偏转。"

不过，这种猜测未得到证实。

卢瑟福很赞同斯特拉斯的观点。他认为，问题的关键在于，要用实验证明 α 射线在磁场中确有偏转，哪怕是很小的偏转。

从 1901 年起，卢瑟福就开始了这项实验。他使用当时最强的电磁铁，但做

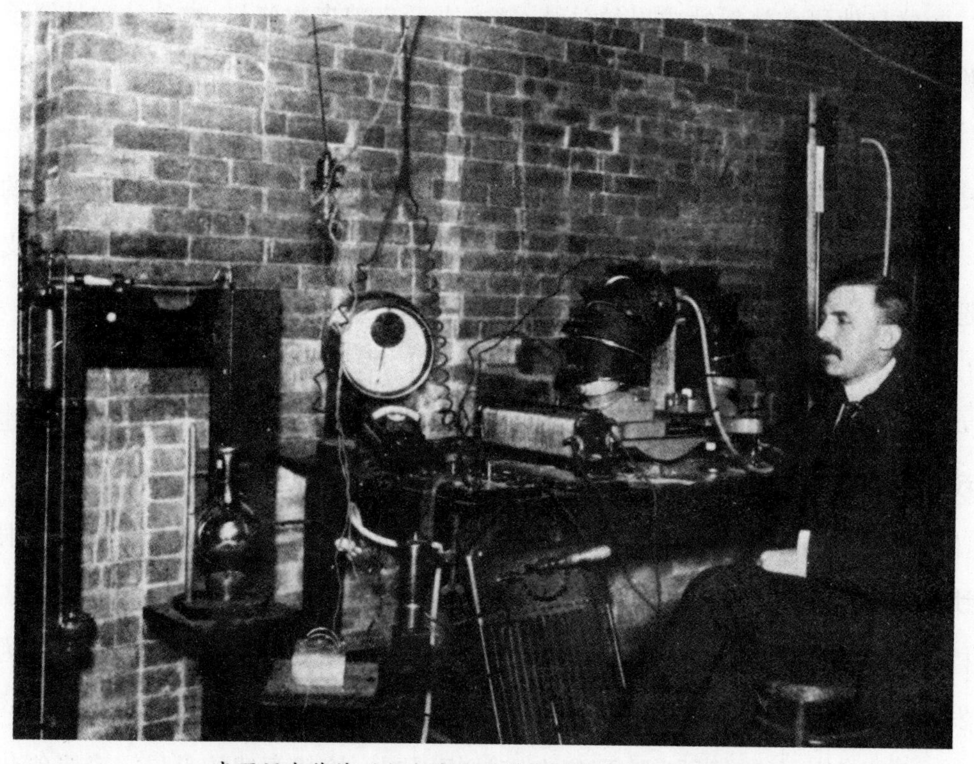

卢瑟福在蒙特利尔麦基尔大学实验室(摄于 1905 年)

了多次实验都没有成功。卢瑟福确信斯特拉斯的猜测有道理，他一直没有放弃继续寻找证实的途径。1903年，卢瑟福设计了一个非常巧妙的实验。他用自制的仪器，终于检测出α射线在磁场中果然发生偏转。根据偏转方向断定，α粒子带正电荷(的确是个调皮的男孩)。这就第一次判明了α射线是原子型的带正电的粒子流。不过关于α粒子的故事，并没有到此结束，因为究竟它是哪一种类型的原子，一时还难于断定。

由于卢瑟福杰出的研究成果，1903年，英国皇家学会授予他会员资格，这是一个学者最高的荣誉。第二年，卢瑟福又获得英国皇家学会授予的兰姆弗德勋章。卢瑟福的声誉越过了国界，许多大学授予他名誉学位，并盛情邀请他去讲学。

1904年，卢瑟福出版了专著《放射学》。

这是他研究放射性成果的总结。这本书后来曾多次修订，被公认为是原子物理学的一本经典著作。

1906年，35岁的卢瑟福荣幸地担任了加拿大皇家学会物理分会主席。一次，他应邀去首都渥太华主讲镭的科普讲座，到达目的地后才发现，随身带的一个有镭制剂的小试管掉在车厢里了。讲座照样进行，卢瑟福幽默地说："那支遗失在车厢里的小试管，里面的镭恐怕要放射上千年的射气嘞！"

场下的听众为之大哗。

后来列车乘务员帮着找回了那支试管。因为这件虚惊一场的趣事，当局建议把那列火车命名为"卢瑟福"号。

在加拿大的九年，是卢瑟福一生的一个辉煌阶段。因发现了α射线、β射线和原子是可分的，他后来因此获得1908年的诺贝尔化学奖。他的"最佳搭档"索迪，早在1903年完成学业后回到英国，在伦敦大学任教。索迪后来因为发现放射性同位素的成就，于1921年也荣获诺贝尔化学奖。

相继有许多青年科学家聚集在卢瑟福周围。接替索迪的是另一个青年化学家博特夫德，之后是来自德国的哈恩。他们给卢瑟福的研究集体带来了活力,同时从卢瑟福身上继承了宝贵的科学精神和科学思想。这也是卡文迪许和汤姆逊的传统。卢瑟福后来的许多学生,有不少成为诺贝尔奖的得主。

1906 年的秋天来临了,加拿大漫山的枫叶彤红欲滴。

卢瑟福在蒙特利尔小山上买了一块地,准备建座房子。他的女儿也长到 5 岁了,同事们都认为他会在加拿大永久定居下来。其实,卢瑟福的心里时刻牵挂着卡文迪许、剑桥和英国,他觉得自己离开那里太久了,一种难以排遣的思归之情萦绕在他的胸中。

当时,美国哥伦比亚大学和耶鲁大学都邀请他去任教,而且薪金很高,但是卢瑟福仍然希望回英国,因为那里更接近世界科学的中心。

重返英国

chongfanyingguo

这年冬天,一个偶然的机缘促使卢瑟福实现了回英国的愿望。曼彻斯特大学的舒斯特教授即将退休,他写了一封信给卢瑟福,问他愿不愿意接替这个职务,如果卢瑟福有意于此,可以尽快提出申请。

卢瑟福接到这封信,迅速作出回应。他在给舒斯特教授的回信中表明,自己很愿意回英国任教,并且感谢对方的推荐。

1907 年 1 月,曼彻斯特大学寄来了任命卢瑟福为该校教授的聘书。新的学期从同年 10 月开始。

5 月间,卢瑟福告别加拿大的同事们,携眷回到英国。

麦基尔大学对卢瑟福的离去非常惋惜。一位同仁感慨道:“卢瑟福刚来时这里只是一个无足轻重的系,现在却成为闻名世界的物理实验室了!”

卢瑟福先在曼彻斯特逗留了几个星期,找好住房,然后拜望了舒斯特教授

曼彻斯特大学

和大学的有关人员。

曼彻斯特在英国西部，靠近爱尔兰海湾，是一座典型的工业城市。恩格斯写《共产党宣言》时，曾在这里体验产业工人的生活。英国著名作家狄更斯的作品，也有以这里的工厂做背景的。不过，曼彻斯特同风景宜人的蒙特利尔相比，反差实在太大。这是一座喧闹嘈杂的城市，街道旁挤满了工厂，到处是烟囱，空气混浊，漫天飞尘。

卢瑟福选中曼彻斯特大学，主要因为这里的实验室刚建成不久，各方面条件都较好。舒斯特教授的家里很富有，他拿出不少自己的钱添置设备。另外，从曼彻斯特出发，几个小时就可以到达伦敦、剑桥和爱丁堡等学术中心，他能随时参加皇家学会的各种会议，到其他大学讲课也很方便。曼彻斯特的尘烟就成了次要问题了。还有一点巧合的是，汤姆逊就是在曼彻斯特出生的。

不过，玛丽和小爱琳却不适应这里的环境和气候。卢瑟福在曼彻斯特安顿下来后，陪着她俩在西部海滨度了一个愉快的假期。整个夏季，他们都是在英国西部度过的。

金秋10月，卢瑟福到曼彻斯特大学正式上任。他刚到实验室不久，发生了一件有趣的事。

一天，日本教育部部长菊池先生来曼彻斯特大学访问。这位矮个子教育大臣在舒斯特教授陪同下参观了物理实验室。舒斯特向他一一介绍实验室人员，卢瑟福也在场。

“这位是欧内斯特·卢瑟福先生。”舒斯特介绍说。

菊池先生朝卢瑟福微笑了一下。

参观完毕出来，这位部长好奇地问舒斯特说：

“我想，刚才你向我介绍的那位卢瑟福，恐怕就是大名鼎鼎的卢瑟福教授的儿子吧！”

舒斯特听后，忍俊不禁。为了保持礼貌，他仍然彬彬有礼地回答道：“部长阁下，卢瑟福教授只有一个女儿。刚才我给您介绍的那位卢瑟福，就是她的父亲。”

“啊！”日本贵宾恍然大悟，“原来他就是卢瑟福教授本人哟，太年轻了，太年轻了！”

此事足见卢瑟福的名声已经远远超过了他的年龄。当时卢瑟福只有 36 岁，几乎全世界都知道他的许多革命性的发现。

在学术界，卢瑟福的理论也引起了震动。

像科学上的许多新发现、新思想一样，卢瑟福关于放射性的学说，最初也遇到不同意见，连开尔文勋爵那样的英国老前辈科学家，都不完全赞成卢瑟福的观点。开尔文勋爵本名威廉·汤姆生，开尔文是他的封号。他是电磁理论的奠基者之一、大西洋海底电缆的开创者，在全球享有盛誉，一生中有 70 多项科学发明。

但是，另一位科坛前辈 56 岁的洛奇爵士，却全力支持卢瑟福的理论。这个长着一脸络腮胡子的教授，同赫兹、开尔文都是好朋友，是无线电研究的先驱。也许是早年同时研究无线电的缘分，洛奇很器重卢瑟福的才华。

在卢瑟福返英后首次参加的一次不列颠学会的会议上，与会学者对放射性学说展开了激烈争论。洛奇坚定地站在卢瑟福的一边，称赞他在放射性研究上巧妙地占领了制高点。

这个小老头风趣地说：“与开尔文持有不同见解往往是要冒风险的，因为这家伙是个常胜将军；不过开尔文最近把他自己的孩子也扼杀了——他全盘推翻了自己早期提出的理论。这说明权威也有失误的时候哟！”

论战继续进行着。对手是伦敦大学的化学教授拉姆赛爵士，索迪就在他手下当助教。

就在卢瑟福到曼彻斯特大学任职不久，拉姆赛在英国最著名的《自然》杂志上撰文，对卢瑟福关于放射性的解释提出了质疑。这位爵士指出，如果把镭射气和水混合，会检测出极少量的惰性气体氖；如果把镭射气与硫酸铜粉混合，会出现少量的氩气。这和卢瑟福的解释显然有矛盾。

拉姆赛

拉姆赛是一位享有盛名的研究气体的权威人士。1894年，他和瑞利一道发现了惰性气体氩，次年发现了氦气，接着又发现了氪、氖、氙等整整一个惰性气体家族，他因此获得1904年的诺贝尔化学奖。拉姆赛的文章发表后，在物理学界引起很大的困惑。

错误出在什么地方呢？没有人知道。也许在拉姆赛的试管里，有哪些惰性气体的残余也未可知。这些惰气都是拉姆赛爵士的宠儿，赖着不走也说不定。

卢瑟福立即写文章反驳拉姆赛，澄清自己的见解。《自然》杂志特地辟出一个专栏，发表两人论战的文章。

正当这两位物理学家和化学家间的笔墨官司打得难分难解时，又爆发了一场半克镭的争夺战。

镭是研究放射性必不可少的材料，但世界各国都很紧俏。卢瑟福在曼彻斯特的实验室开始工作后，为了研究需要，向维也纳学会紧急请求借用半克纯镭。几乎在同时，维也纳学会也收到了拉姆赛爵士同样的请求。该会仅有半克纯镭，经过认真研究，他们最后决定，把这半克镭提供给伦敦大学的拉姆赛和

曼彻斯特大学的卢瑟福平分使用。

于是,为了半克纯镭的使用权,两位教授展开了一场拉锯战。

先是卢瑟福给拉姆赛去信,说明自己急需这半克镭的焦急情况。当时整个曼彻斯特只有 7 毫克镭,实验所需的仪器都准备好了,就“等米下锅”,请求拉姆赛一定给以支持。

拉姆赛爵士回信说,如果把半克镭平分来用,其实用价值势必大打折扣。爵士建议不如由他来保存这半克镭,一年或一年半以后,再转给卢瑟福使用。作为交换条件,他愿意无偿送给曼彻斯特大学大量的射气,以供卢瑟福使用。

卢瑟福不同意这个建议,他一针见血地答复拉姆赛道:“你的意思,显然是想长期独霸这借来的半克镭的使用权。”

卢瑟福的信措辞克制而冷淡,再次呼吁爵士体谅自己的苦衷,他表示如果拉姆赛准备一年后才交出全部镭的话,自己不得不取消预定的实验计划。

然而,拉姆赛在回信中,仍然不提移交半克镭的具体时间,他俏皮地写道:“你和你的助手能得到的仪器,恐怕不会有鄙人的仪器那样灵巧实用吧!”

卢瑟福读到这话,气得脸都涨红了。

拉姆赛脸庞清俊,蓄着漂亮的山羊胡,模样像一个温和的诗人,脾气却恰好相反,喜欢居高临下教训人,而且比卢瑟福年龄大 20 岁,因此爱以长者自居,他甚至不厌其烦地在信中告诉卢瑟福,应该如何储藏镭、如何排出射气等。平心而论,这当中包含着善意,但他那种把对方视作孩童的派头,却很难让卢瑟福接受。

所幸的是,维也纳学会不久又有了一批可供使用的镭。1908 年初,他们把这些镭出借给曼彻斯特大学使用,卢瑟福不必再求拉姆赛高抬贵手了。这两位英国最杰出的科学家间的纠纷,终于画上了句号。

他和拉姆赛这场戏剧性的文争武夺,后来成了科坛上的一段趣话。也许这就叫做英雄惜英雄,不打不相识。高明的对手,往往就是最好的老师。拉姆赛爵士几年前关于氦气的一个见解，后来启发卢瑟福最终揭开了α粒子之谜。

α粒子之谜

α lizizhimi

卢瑟福和α粒子似乎有一种解不开的缘分。

在蒙特利尔时，卢瑟福倾注了全力研究α粒子的特性。到曼彻斯特大学实验室后，他继续追击α粒子。探寻α粒子之谜成为他的一项主要研究课题，他念念不忘要找出最后的谜底来。

大约在1903年时，拉姆赛和索迪曾经在一篇实验报告里指出，可以从镭的样品中发现氦气。索迪当时刚从麦基尔大学回到伦敦，这个报告没有引起更多的注意。

后来，索迪在给卢瑟福的信中提到这事。

"镭的样品里为什么检测到氦气呢？"

这个疑问在卢瑟福脑海里回旋了很久。氦在元素周期表上排列第二，仅比最轻的元素氢重一点。大气中的氦微乎其微，而在含铀或含钍的矿石里却往往有氦气的踪迹，一经加热就会释放出来。

这似乎暗示了，铀和钍等放射性元素在自发衰变中会生成新的元素氦。但也有人认为，这种氦气也许是在α粒子的轰击下被"驱赶"出来的。

卢瑟福在1903年就已经判明，α粒子是一种带正电荷的粒子，大小和原子差不多。卢瑟福由此猜测，也许α粒子就是带正电荷的氦原子，这样就能解释镭的样品中发现氦气的事了。

有科学评论家认为，卢瑟福就像法拉第一样，有一种明显的直观认识的才能，即科学直觉，这是少数杰出的实验物理学家才具有的天赋，他的猜测绝对

可能正中靶心。

不过要证实这点，必须测定 α 粒子的电荷大小。

曼彻斯特大学实验室里有个来自德国的年轻人，名叫盖革，是卢瑟福的得力助手。盖革设计了一种灵敏的计数器，能够精确地测出粒子电荷的大小，这可帮了卢瑟福的大忙。

盖革的这个发明被后世称为盖革计数器。该计数器是一个装有圆柱形电极的电离管，管中央有一根细金属丝。在电极和金属丝之间加电压，并串联一个静电计。把电压调整到正好小于临界电压，当有电离火花时，电流计指针就会摆动。汤姆逊在剑桥时，曾同卢瑟福研究过一种碰撞引起电离的现象。这个过程能使单个粒子的电荷得到放大，从而被静电计检测出来。盖革计数器就是根据这个原理检测 α 粒子的。每当一个 α 粒子穿过电极之间，就足以引起电火花，并被静电计检测出来。

实验获得令人惊叹的结果。卢瑟福和助手坐在椅子上，静观着静电计的动静。当计数器和镭源的距离调合适时，静电计的指针就会频繁地摆动起来。观察者甚至可以在硫化锌荧光屏上看到 α 粒子轰击时闪烁的光点。

他们测量了从一个镭源得到的总电荷，然后用计数的 α 粒子的总数去除，于是算出了每个 α 粒子所带的电荷量为 A27，恰好约为已知的电子电荷量 e 值的两倍。

于是卢瑟福断定，α 粒子就是带两个正电荷的氦原子 59-60。在蒙特利尔一直困惑他的问题，在曼彻斯特大学实验室里终于找到了圆满的答案。这是曼彻斯特大学最辉煌的一项成果。

不过，卢瑟福并不满足这个结果，他要拿出更直接的证据，向全世界证明这一点。最确凿的鉴定是光谱实验。每一种元素都有与任何其他元素不同的特定谱线，就像人的指纹一样。

卢瑟福请一个名叫鲍姆巴赫的玻璃巧匠，制作了一个极精致的玻璃管。玻璃管的管壁很薄,可以使高速运动的 α 粒子透过去,而普通气体却不行。实验时把镭射气密封在这个玻璃管里，然后把玻璃管装在另一个用厚玻璃做的大玻璃器皿中。当 α 粒子从衰变的镭射气中穿透薄玻璃管溢出时,在两层玻璃壁间进行放电实验。在光谱分析中,他们终于发现了氦的特征谱线。

这个实验是卢瑟福和他的学生罗依兹一起做的。师生俩在论文中兴奋地写道:“实验得出了判决性的证明:α 粒子在失去电荷之后就是氦原子。”

至此,神秘的 α 粒子之谜终于真相大白。卢瑟福对 α 粒子穷追不舍的故事,充分体现了他探索真理的可贵精神。

卢瑟福在科研上取得了辉煌的成果,但他的生活并不富裕。在任何年代,科学家似乎都不及实业家有钱,不过卢瑟福对此却心满意足,他认为物质生活只要过得去就行啦。

1908 年,卢瑟福获得都灵科学院的布列沙奖金。该项奖金每隔两年颁发一次,获奖人为当时最优秀的物理学家,奖金总额为 400 英镑。这笔相当丰厚的收入,对卢瑟福家里的物质生活带来不少改善,妻子玛丽再也不用为添置一点高档东西发愁了。

曼彻斯特当地的报纸特地报道了卢瑟福获奖的消息，并引用了实验室一位工友的话:“谁也说不清卢瑟福先生是什么时候离开实验室回家的。”这是对他工作最高的评价。

KEXUE JUREN DE GUSHI

啊，原子核！

荣获诺贝尔奖

ronghuonuobeierjiang

人们常说，好事成双。这一年卢瑟福真是双喜临门，布列沙奖金不过是一个前奏。1908 年的金秋时节，卢瑟福收到瑞典皇家学院寄来的信，通知他被授予本年度的诺贝尔化学奖。这是全世界科学家最高的荣誉。11 月，卢瑟福在给学生哈恩的一封信中流露出获奖的喜悦。他写道："我和妻子玛丽已应邀前往斯德哥尔摩，接受瑞典国王颁发的诺贝尔奖金。我没有料到，自己竟会得到诺贝尔化学奖。"

卢瑟福

卢瑟福获奖的原因，是因为 1903 年提出放射性元素的蜕变理论，对放射性研究作出了重大贡献。

的确有趣，作为一位杰出的物理学家，卢瑟福得的却是诺贝尔化学奖。本年度的诺贝尔物理奖，授予了发明彩色摄影的法国人李普曼。第二年的诺贝尔物理奖得主，是意大利的马可尼和德国科学家布劳恩。不过，话又说回来，物理和化学并不是决然分开的。

斯德哥尔摩以鲜花和鼓乐迎接了卢瑟福夫妇。

即便在领奖的隆重场合，卢瑟福也不失幽默感和大家风度。他在领奖演说中诙谐地说："在我的一生中，经历过各种不同的变化，但最快的一次变化要算这次了：一夜之间我从物理学家变成了化学家！"

诺贝尔化学奖的奖金是 7000 英镑。这是一笔大数目。卢瑟福夫妇再也不用操心经济拮据问题了。卢瑟福从来不去追求金钱,但是金钱却自己送上门来。这是他的贡献应得的奖赏和回报。

卢瑟福荣获的诺贝尔化学奖证书(1908 年)

多年来,为了科学研究,卢瑟福将全部身心都投入到实验中,科研成了他生命的一部分。玛丽非常理解自己的丈夫,当一个科学家的妻子往往需要作出牺牲。她默默地承担起全部家务和女儿的教育,寂寞时就弹上一曲舒伯特钢琴曲。每当卢瑟福和朋友在家里聚会时,是夫人最高兴的时候。尽管男人们谈的都是粒子和射线的事,但对女主人弹的钢琴曲却一致称赞。

卢瑟福对音乐没有研究,但有一种天赋的直觉,他觉得音乐是大自然最奇妙的声音。有一件轶事足以说明这点。1909 年 11 月的一个星期天,卢瑟福在曼彻斯特尔举行了一次科学报告,报告的题目是《原子有多重》。像每次卢瑟福的讲座一样,场内听众如云。不过,这次的报告却别开生面,报告的开始和结尾,都有美妙的音乐伴奏。乐队演奏了海顿的弦乐四重奏,人们还唱起了舒伯特的名曲《谁是西尔维亚》。在这一刻,科学和艺术成了宇宙间一个和谐的整体。如果卢瑟福夫人有幸出席这个报告会,也一定会陶醉的。

1910 年初,卢瑟福买了一辆小汽车。这是一辆最新款式的“沃思雷—希德雷”轿车,在平坦的路上时速可达 35 千米~40 千米。卢瑟福像一个得到圣诞玩具的大儿童,兴高采烈地写信给母亲说,如果需要,时速还能提到 60 多千米。“不过我并不热衷于在公路上开飞车,要是被人逮住,得破费十基尼的

罚款呢！”

小轿车给卢瑟福的生活带来了许多乐趣，除了上下班方便外，假日里还可以载着夫人和女儿到城外去兜风，呼吸郊外的新鲜空气。小爱琳这时已经九岁，长得像个小公主。卢瑟福尽享着天伦之乐。

这一年夏天，大学暑假期间，卢瑟福带着全家驱车游览了英国北部的风光，然后，他应邀去欧洲进行访问。

在慕尼黑大学，他拜访了著名的有机化学家冯·拜尔教授。冯·拜尔是1905年的诺贝尔化学奖获得者，两人相见恨晚。卢瑟福从前的得意门生哈恩专程从柏林赶来看他，师生俩彻夜倾谈，讨论了放射学的最新发现。哈恩还是那样活泼，充满朝气。当时两人谁也没有想到，28年后大器晚成的哈恩会发现核裂变现象，最终导致了原子弹的出世。

返英途中，卢瑟福在比利时的布鲁塞尔逗留了四天，出席了国际放射学会议。在会上，他与许多杰出的科学家会了面，并见到慕名已久的居里夫人。

这是他第一次同居里夫人会面。这位伟大女性谦虚的人格魅力，给卢瑟福留下了难忘的印象。居里夫人当时正致力于分离镭，研究很辛苦。三年前，她的丈夫居里不幸死于车祸。卢瑟福在给母亲的信中说：“她的脸色苍白，显得很劳累，看上去比实际年龄大得多，身体很虚弱。”

居里夫人

第二年，居里夫人因为成功分离出金属镭，再次获得诺贝尔奖。1903年，她获得的是诺贝尔物理奖，同丈夫居里和贝克勒尔三人分享。这次她独自获得的是诺贝尔化学奖。她是世界上唯一两次获得诺贝尔奖的科学家。1934 年，居里夫人死于白血病，她把自己的一生献给了放射性研究。

原子有一个核

yuanziyouyigehe

1910 年底，卢瑟福完成了他一生中最伟大的发现——他发现原子有一个核。科学史家认为，在近代物理学的发展中，这一发现是继电子之后的第二个具有历史意义的里程碑。

原子核的发现，是卢瑟福长期研究 α 粒子的必然成果。但发现原子核的过程却十分精彩，颇具有戏剧性。

这还得从卢瑟福的恩师汤姆逊说起。汤姆逊于 1897 年发现电子后，人们意识到电子是比原子更基本的物质组成单元。各国物理学家们相继提出不同的原子模型，试图解释原子的结构。这些假说五花八门，诸如土星模型、中性微粒模型、磁原子模型等等，都缺乏充分证据，或者不能自圆其说。只有汤姆逊 1904 年提出的"实心带电球模型"，算是影响最大的一种。

按照汤姆逊的假设，原子是一个实心带电球体，带正电的部分均匀分布在球体内，电子则镶嵌在球体的某些固定位置上。有人把汤姆逊的原子模型称为布丁蛋糕模型，带正电的部分是蛋糕，嵌在蛋糕上的葡萄就是电子。按照汤姆逊的解释，带负电的电子一方面受正电荷吸引，一方面又互相排斥，于是，必然存在一种状态能使电子达到平衡，而平衡正是一切原子模型的关键。

为了验证自己的假说，汤姆逊进行了长时间的 β 射线散射实验，并在 1906 年建立了他的散射理论，较好地解释了一些物理现象，不过，很快发现这个理论存在着盲点。他和学生用 β 粒子轰击原子，希望通过 β 粒子和原子里的电子相互碰撞，探明原子内部的电子数目和结构，进而证明"实心带电球"。遗

憾的是，汤姆逊屡次实验的结果和理论的出入都很大。

汤姆逊提出原子模型时，卢瑟福不久前刚证明α粒子是带正电的原子型的粒子，在蒙特利尔正准备出版他的专著《放射学》。

卢瑟福相信自己老师的原子模型是有水平的，但需要完善和验证。经过一段时间的酝酿，他决定试试用α粒子轰击原子。

卢瑟福选择α粒子的原因，是α粒子比β粒子重得多，因此轰靶的威力也必然大得多。打个比喻，轰击同样的靶子，汤姆逊用的是子弹，他用的是炮弹，这就是卢瑟福“青出于蓝而胜于蓝”之处，他的几个得力的学生则是最佳的炮手。

这一次盖革又立了头功。

盖革在用闪烁法观测α粒子散射时，发现用金箔比用铝箔效果更明显。卢瑟福建议他不妨系统地测一下不同材料的散射作用，并让大学生马斯登给盖革当助手。

马斯登是来实习的，当时只有20岁，能参加卢瑟福亲自指导的这个实验，对他来说是一个非常难得的机会。

实验起初，盖革和马斯登使用2米长的真空玻璃管作α射线管，结果发现效果不理想，于是他们把射线管加长到4米，目的想使α粒子射束尽量窄，以便测量更精确。这个道理就像枪筒越长，越容易射准目标一样。但出乎意料的是，实验时仍然发现硫化锌屏上不时有反常的闪光。两人却很困惑。

这个反常现象引起了卢瑟福的注意。

几天后的一个上午，卢瑟福来到他们的实验桌前，对马斯登说：“你是否试试让α粒子从金属表面直接反射，看看会有什么效果。”这个指示十分明确。

马斯登和盖革对视了一下。看来，卢瑟福已经意识到了，这种反常的闪光可能是散射的α粒子经管壁反射引起的。

在盖革的帮助下，马斯登进行了非常认真的观测，结果得到了惊人的发现。

两三天后，卢瑟福正在办公室里，盖革一头撞进来，情绪激动地报告说："我们发现一些α粒子改变方向，竟然反弹回来了！"

"真的吗！"

卢瑟福兴奋地从椅子上站了起来，这是他平生听见的最不可思议的事，就像对着一张薄纸射出一颗15英寸的炮弹，却被反射回来的炮弹打中脑袋一样。

是什么把这些α粒子弹了回来呢？为什么其他大多数α粒子都穿过了金属箔呢？究竟原子里的什么东西能挡住以每秒一万千米的速度在空间飞驰的粒子呢？

盖革和马斯登算出放射源发射α粒子的总数，并根据硫化锌屏上的闪光点，统计出入射的α粒子中每8000个粒子有一个要反射回来，用汤姆逊的散射理论解释不了这一点。

卢瑟福认真地思索着，没有马上下结论。但是一个全新的原子模型在他脑子里渐渐显出轮廓来。卢瑟福确信，原子的内部不是一个均匀的实心体，原子的质量应该大部分集中在一个很小的中心里，否则α粒子不会以八千分之一的概率反弹回来。

不寻常的几个星期过去了。

一天早晨，卢瑟福兴致勃勃地走进盖革的房间，平静地说了一句："我知道原子是什么样的了。"

盖革听见这话，呆若木鸡。

卢瑟福接着向他解释了原子的结构是怎么回事。

"它既不是实心的球，也不是均匀的蛋糕。原子就像一个微型太阳系，它的大部分质量集中在最中央，好比太阳；电子就像是行星，围绕着中央的太阳运转……"

盖革抿着嘴唇，双眼闪闪发亮，他为老师的洞察力大为震惊。世界上最小

的原子竟然和最大的宇宙构造相同,还从来没有人提到过呢!这简直可以和哥伦布发现美洲新大陆相比。

当天晚上,实验室一些年轻的同事聚到卢瑟福家里。

他们打开香槟酒,庆祝这一伟大的成果,并且为自己参加了这项工作而感到自豪。当天,著名生物学家达尔文的孙子查尔斯·达尔文也在场。这位年轻的数学家多年后回忆道:"我认为,我平生最值得庆幸的事件之一,就是在原子核诞生半个小时之后,我恰好就在现场。"

卢瑟福的原子模型

lusefudeyuanzimoxing

自从汤姆逊1897年发现了电子,打破了"原子不可分"的神话,原子的结构成了人们关注的热点,许多科学家都提出了假设。

1902年开尔文勋爵提出了"实心带电球原子模型",他把原子看成是均匀带正电的球体,里面埋藏着带负电的电子,在正常状态下处于静电平衡。这个模型虽能解释原子平衡时不带电这一事实,但无法解释元素周期律和化学反应中的化合价。

汤姆逊发展了开尔文勋爵的原子模型,提出了"汤姆逊原子模型"。

这一模型与开尔文勋爵模型的区别,在于电子分布方式不同。汤姆逊认为,原子中的电子应以同心圆环的方式一层一层排列在带正电的球体空间之中。层数多少依原子中电子数目多少而定,有的只有一层,有的可有三层、五层等等。这样,电子的排列就造成了结构上呈周期的相似性,而门捷耶夫周期表中物理性质和化学性质的重复再现,也可得到解释了。

汤姆逊提出的这个模型,电子分布在球体中很像葡萄干镶嵌在一块蛋糕里,因此被称为"葡萄干蛋糕模型"。它不仅能解释原子为什么是中性的,而且还能解释阴极射线现象，所以被很多物理学家所接受。

可是，马斯登做 α 粒子散射实验的惊人发现，却对汤姆逊的原子模型提出了挑战。

睿智的卢瑟福经过反复思考，终于意识到：这是 α 粒子碰撞到了原子内部某种坚实硬核的结果。这个硬核应该带正电，而且集中了原子的绝大部分质量，否则，α 粒子发生反向散射是不可能的。此外，这个硬核的体积应该很小，数量级应在原子体积的万分之一左右，所以每入射八千个 α 粒子才有一个 α 粒子被反射回来。

卢瑟福经过深思熟虑，毅然提出了“有核原子模型”，又称为“太阳系原子模型”。

按照卢瑟福这个新的模型，原子既不是实心的球，也不是均匀的蛋糕。原子就像一个微型“太阳系”，它的大部分质量集中在最中央，好比太阳；电子就像是行星，围绕着中央的太阳运转。卢瑟福解释说，由于原子中带正电的物质集中在一个很小的核心上，而且原子质量的绝大部分也集中在这个很小的核心上。当 α 粒子正对着原子核心射来时，就有可能被反弹回去。这就圆满地解释了汤姆逊原子模型解释不了的 α 粒子的大角度散射。

1911 年，卢瑟福在《哲学杂志》上发表了研究论文，论文的题目很长，也颇有象征性——《物质对 α、β 粒子的散射及原子结构》。正是 α 粒子的散射实验导致他最终发现了原子结构。

卢瑟福提出有核原子模型是经过深思熟虑的。他很清楚，这将冒着与经典理论冲突的危险，而且与自己老师的假说也相左，甚至连大名鼎鼎的开尔文勋爵也主张是“实心带电球模型”的。不过，“吾爱吾师，但吾更爱真理”，卢瑟福果断地提出了自己的新见解。

作为一个严谨的科学家，卢瑟福提出理论十分审慎。在这篇论文中，他只是确认了“正电荷集中在原子中心”，没有提“核” 这个词。他在 4 月间给一位

朋友的信中也写道："希望我在一两年内能对原子结构有更明确的见解。"

卢瑟福发现原子核，是原子物理科学划时代的大事，人类从此打开了原子结构的神秘大门。

1911 年第一届索尔维会议合影（站立者右 2 是爱因斯坦，右 4 是卢瑟福；坐者右 2 是居里夫人。）

但在最初一段时间里，卢瑟福的原子模型遭到了学术界的冷遇。1911 年 10 月，在布鲁塞尔举行了第一届索尔维国际物理会议，与会者包括爱因斯坦和普朗克等重量级人物，大家热烈讨论了物理学的重要进展。卢瑟福也出席了会议，但是会议的记录却没有提到他的最新工作。两年后，汤姆逊举行了一次有关原子模型的专题讲座，仍没有提到卢瑟福的发现。当时出版的报刊，也找不到有关原子新模型的报道。

也许卢瑟福的理论还是一块含在石头里的璞玉，人们尚未认识到它是无价之宝。然而，以卢瑟福为首的曼彻斯特大学的一群精英们却坚定不移地走下去。盖革和马斯登继续做了一系列散射实验，全面验证了卢瑟福的理论。

不少对原子物理有兴趣的杰出青年科学家，也慕名投到卢瑟福的门下，他们组成了卢瑟福研究集体强大的生力军。这当中有牛津大学的高才生莫利斯，一位最有希望接替卢瑟福的天才；刚从曼彻斯特大学毕业留校的查德威尔，1911 年有幸成了卢瑟福的研究生；还有一位来自丹麦哥本哈根大学的玻尔，刚获得博士学位不久。玻尔曾在剑桥大学汤姆逊手下读过 4 个月博士后，但不得志，后来遇到卢瑟福，由于仰慕其人格魅力和精妙的思想，毅然投在卢瑟福门下。说起来，这里面还有一段动人的故事。

师生缘

shishengyuan

大约 1911 年的圣诞节前后，卢瑟福从曼彻斯特来到剑桥，参加每年一度的卡文迪许研究生聚餐会。在这次聚餐会上，玻尔有幸见到了卢瑟福。卢瑟福的人格魅力给他留下了难以磨灭的印象。

在聚餐会上，卢瑟福被介绍说："这位是老校友欧内斯特·卢瑟福，在卡文迪许实验室学习过的历届青年物理学家中，他是骂自己的仪器骂得最凶的一个！"

众人一阵哄堂大笑，坐在餐桌首席的汤姆逊也笑起来。

主持人接着说："我在这里特别通报一下，卢瑟福先生不久前发现了原子有一个核心，他本人将在会上谈谈这一发现，现在请他给大家作演讲……"

席间响起一片欢呼声。

卢瑟福从高桌旁站起来，他长得高头大马，脸色红润，看上去就像一个身强体壮的庄稼汉，给人一种亲切感。

卢瑟福向坐在首席的汤姆逊微微颔首致意，然后讲起了新近的发现。他的声音洪亮，富有感染力，但在讲到对原子结构的分析时，却相当谨慎，因为他认为对原子的了解还只是初步的。

"原子像一个小太阳系，每个原子都有一个极小的核心，这个核心几乎集中了原子的全部质量，并带有无穷个单位正电荷，原子核外有无穷个电子绕核旋转，所以一般情况下，原子显中性……"

玻尔立即被卢瑟福透露的内容吸引住了。他意识到其中一定存在着某种玄机，那是一种难得的科学直觉，一种大师的洞察力。

长条形餐桌上满是美酒佳肴，老师和学子们端坐在高背椅上，一边大嚼着火鸡、羊肉和熏比目鱼，一边举杯祝酒。

"为吾皇干杯！"

"为来宾干杯！"

"为老同学干杯！"

碰杯声此起彼伏。

一阵喧笑过后，校友们即兴唱起卢瑟福来。由一个大嗓门学生领唱，其余的人跟着唱和声：

为了 α 射线，
代价可不贱。
一个诺贝尔化学奖，
得来易如反掌。
我们的卢瑟福得了满分，
如今全世界都已承认。
啊，如今全世界都已承认！

玻尔听着歌声，陷入沉思。实际上，这一刻玻尔心中已经有了想法，他感觉到卢瑟福身上有一股强烈的磁力在吸引着自己。据玻尔后来的回忆，虽然在这次年度聚餐会上他并没有跟卢瑟福有个人接触，但对卢瑟福的人格魅力却有了深刻的印象。卢瑟福身上焕发出来的科学素养和科学精神，让人相信他不管在什么样的情况下都能做成几乎难以做成的事。

这次聚餐会不久，玻尔专程去曼彻斯特拜访父亲生前的一位朋友史密斯先生。玻尔此行的目的，显然是想借此机会与卢瑟福取得联系，所以当他听到史密斯先生说与卢瑟福很熟时，不禁喜出望外。

“我非常希望认识一下卢瑟福教授。”玻尔的蓝色眼睛闪着光芒。

“喔，这没问题，我可以约他来家里喝茶。”

史密斯先生答应为他引见。

“太感谢您啦！”

第二天傍晚，卢瑟福应邀来到史密斯先生家里。在客厅里，玻尔终于见到了他所景仰的大物理学家。卢瑟福听说面前的年轻人来自丹麦，也是凭奖学金到卡文迪许学习的，立刻对玻尔产生了好感，他从玻尔身上好像看到了自己当年的影子。

模样敦厚的卢瑟福

也许是一种缘分。玻尔对卢瑟福也有一种亲切感。两人一见如故，谈得很投机。卢瑟福说起今年 10 月在布鲁塞尔参加第一届索尔维会议的情形，使玻尔大开眼界。

索尔维是比利时的一位化学企业家，因发明工业制碱法而致富。由他倡导并出钱资助，每三年在布鲁塞尔召开一次国际性物理会议，邀请世界一流的物理学家参加，名额限在 30 人左右。这是科学史上非常有名的国际高峰会，并以索尔维的名字命名。1911 年 10 月召开的是第一届索尔维会议，到会的有 23 位著名的物理学家，其中包括荷兰的洛仑兹、昂内斯，德国的普朗克、能斯特，

法国的居里夫人、郎之万、彭加勒、佩林，来自布拉格的爱因斯坦等。32 岁的爱因斯坦这时名气还不是很大。会议主席是 1902 年的诺贝尔物理学奖得主、德高望重的洛仑兹博士。长着一大把白胡子的索尔维先生也亲自到会助兴。

卢瑟福是以英国物理学家的身份出席会议的，因为三年前刚获得诺贝尔奖的缘故，相当引人注目。在会上，卢瑟福被邀请作了发言。也许是出于谨慎，他没有提到自己几个月前有关原子核的新发现。

第一届索尔维会议的主题是辐射理论和量子。

卢瑟福说，来自全世界的物理学家们聚在一起，共同讨论恼人的量子问题，大家都有一种共同的感受，似乎经典物理学的某些基本原理处境不妙了。

年轻的玻尔听得很专注。

量子的概念最早是由普朗克于 1900 年提出来的。普朗克当时为了克服经典物理学对黑体辐射现象解释上的困难，提出了量子论假说。根据这一假说，黑体受热时(例如加热变红的铁块)辐射的能量(例如发光)，与光的频率成正比，并且是以不连续的形式发出的。普朗克为此引进了一个物理常数，以符号 h 表示，这就是著名的“普朗克常数”，其数值为 6.6260755×10^{-34} 焦·秒，代表了微观现象的量子特征。

玻尔问道：“普朗克教授的态度怎么样呢？”

卢瑟福说：“在会议上，普朗克作了主题发言。量子假说的提出是现代物理学的一次革命，但由于与经典物理学冲突，事过 11 年之后，普朗克教授在谈到这个假说时仍然是小心翼翼的。”

“哦，为什么呢？”玻尔很感兴趣。

“能量量子化的概念，与牛顿力学和麦克斯韦电磁场理论是不相容的，没有人愿意接受一个解释不通的假设。”卢瑟福抽着烟斗答道，“就是普朗克本人，也一直试图用经典的连续概念来解释辐射能量的不连续性，不过老先生最终也没有成功。”

史密斯先生插话:“难道就没有一个严肃的科学家赞成这个假说吗?”

卢瑟福说:“有,他就是爱因斯坦。可以说,他是第一个意识到普朗克量子假说的革命性意义,并且进一步发展了普朗克的量子概念,于1905年提出了光量子假设,指出电磁波的能量是以一份份不连续的光量子传播的。”

“普朗克的量子概念,”玻尔低声附和了一句,“也许打开了一个物理新世界的窗口。”

“你也这样认为?”卢瑟福颇赞赏他的话。

玻尔腼腆地点点头。听了卢瑟福的介绍,他对普朗克的量子假说有了新的认识。

卢瑟福接着列举了最近十多年来物理学的重大发现:伦琴发现了X射线,贝克勒尔发现了放射性,他的老师汤姆逊发现了电子,以及他自己在几个月前发现的原子有一个核心的奇迹……玻尔听得全神贯注,恨不得把卢瑟福的每一个字都吞下肚去。

最后,卢瑟福表情凝重起来:“我比任何时候都相信,物理学正面临着一场巨大的变革,它的前景是不可估量的!”

玻尔兴奋得满脸红光,他突然站起来,说出了改变他一生的那句话:

“卢瑟福教授,我能够到您的实验室里工作吗?”

“哦,我当然很欢迎你来工作。”

卢瑟福脸上露出慈父般的笑容。从玻尔的谈吐和表情中,卢瑟福发现了他具有敏锐的科学直觉,尤其对刚诞生的原子物理学有一种强烈的探索欲。

“这是真的吗?”玻尔喜出望外。

在一旁的史密斯先生正色道:“卢瑟福可从来不说戏言。”

“不过,你需要事先得到汤姆逊教授的同意。”卢瑟福提醒玻尔。

“我明白。”玻尔点头,然后急不可待地问卢瑟福,“我能不能下个月就来曼彻斯特上班?”

卢瑟福哈哈大笑。

“曼彻斯特天天都在这里，它跑不掉的。你这么急做什么？”

接下来，玻尔施展了全部交际才能，为自己跳槽去曼彻斯特大学游说。剑桥大学的人都不理解他的决定。在大家看来，只有傻瓜才会离开剑桥这块阳光明媚的科学圣地，跑到阴冷潮湿的工业重镇曼彻斯特去吸浓烟。卡文迪许实验室的同仁们，也对玻尔有看法。

玻尔给未婚妻玛格丽特的信写道：“我想这里所有的人都失去了对我的信任，因为他们无法理解我为什么要离开剑桥，但我一定要这样做，我在曼彻斯特的条件会非常好……”

玻尔去曼彻斯特的决心毫不动摇。

所幸的是，导师汤姆逊欣然同意了玻尔的请求，也许因为玻尔投奔的是自己的爱徒卢瑟福，汤姆逊放了他一条生路。按照规矩，一般情况下读博士或博士后是不允许随便跳槽的。还有一个巧合是，曼彻斯特恰好是汤姆逊的老家。汤姆逊出生在曼彻斯特郊区齐山姆，父亲是个出版商。汤姆逊从小早慧，14岁进入欧文学院，后来获奖学金到剑桥大学三一学院深造，毕业后留在剑桥任教30多年。他对曼彻斯特一直怀有浓厚的乡情。

1912年3月，玻尔拎着行李来到曼彻斯特大学，成了卢瑟福的学生。于是在卢瑟福门下才华横溢的研究生群体中，无疑增加了最有才华的一个。

就这样，玻尔一生中最辉煌的时代开始了。

曼彻斯特是一座老工业城市，1830年世界上第一条铁路就在这里建成，后来曼彻斯特发展成为英国最大的棉纺织和纺织机械制造中心，被称为“工业革命的故乡”。人口有50万。作为一座老工业城市，这里到处可见狭窄的石子街道，灰蒙蒙的厂房，烟囱林立，尘土满天。曼彻斯特的市场大街，据说是欧洲最拥挤的街道。

当年吸引卢瑟福离开风光宜人的蒙特利尔来曼彻斯特的原因，是曼彻斯特大学的物理实验室。四年之后，吸引玻尔离开剑桥来曼彻斯特大学的原因，则是主持这个实验室的卢瑟福。

玻尔被卢瑟福带进实验室。卢瑟福走在前面，像一个检阅自己仪仗队的统帅，玻尔跟在后面，满脸挂着新奇和兴奋。

“这儿是个相当繁忙的地方，”卢瑟福向他介绍说，“除了气候潮湿点，这里的优点有很多——一批优秀的同事，慷慨好客的居民，还有一流的物理实验室。”他说话声若洪钟，底气十足。

曼彻斯特大学物理实验室的条件相当好，实验设备先进。卢瑟福的前任舒斯特教授原籍德国，是一位有成就的光谱学家，后被册封爵位，并因为继承遗产而成为富翁。此人仁爱厚道，对曼彻斯特大学物理系颇有感情，拿出自己所得遗产的一部分，为实验室购置了最好的设备；他还出资在实验室设立了研究员职位，为新进的理论物理学家提供研究机会。

玻尔亲眼看见了实验室的条件，的确是一流的。厚重的木实验桌，精良的仪器设备，宽敞的环境，丝毫不比卡文迪许实验室差。

卢瑟福给玻尔介绍实验室的同事们。这是一群非常优秀的青年科学家。

“这位是来自德国的盖革，咱们轰击原子的功臣。”盖革的脸上露出神气的微笑。他比玻尔大三岁。

“这位是马斯登，盖革的助手。”马斯登看上去很年轻，像个大学生，但模样挺机灵。

“这位是伟大的达尔文的孙子，查尔斯·达尔文，咱们的数学家。”

查尔斯·达尔文向玻尔热情地点点头。他与那位发现物种起源的爷爷长得颇像，宽额头，一双慧敏的圆眼，只是没有大把的胡子。

“这位是赫维斯，和你同岁，匈牙利人，也是哲学博士。”

赫维斯彬彬有礼地向玻尔鞠躬，他是匈牙利贵族后裔，留着小仁丹胡，橄榄头。玻尔也鞠躬还礼。

还有两个新来的研究生,一个是刚从曼彻斯特大学毕业的查德威尔,另一个是牛津大学的高才生莫利斯。两人对玻尔报以友好的微笑。查德威尔这时只有21岁,后来因发现中子引起轰动,并获得诺贝尔物理学奖。

看得出来,这些优秀的青年物理学家对卢瑟福的态度,就像对父亲一样尊敬。卢瑟福对他们也关怀备至,平易近人。

1932年的一次科学聚会的合影(前排从左起1–3为:查德威克、盖革、卢瑟福;后排左起为:赫维西、盖革夫人、梅特纳、哈恩。)

在卢瑟福实验室里,玻尔感觉到一种亲密无间的团队精神。自己能成为这个团队的一员,他觉得非常幸运,也备受鼓舞。

后来,就是这个天庭饱满、闪着一对深邃眼睛的玻尔,把普朗克的量子论引进到原子理论中,获得了重大的突破。

玻尔比卢瑟福小14岁,比盖革小3岁,是个功底深厚、头脑敏捷、善于吸取前辈智慧的年轻人。他冷静地分析了卢瑟福原子理论的缺陷。他确信,卢瑟福的模型对揭开原子的秘密具有不朽的功勋,不过这个模型尚不够完善,不能很好地解释原子为什么这么稳定等问题。

玻尔大胆地改进了卢瑟福的原子模型, 把卢瑟福的原子理论和普朗克的量子理论结合起来,提出了原子结构的“玻尔模型”,通常也称为“卢瑟福—玻尔模型”。1913年，经卢瑟福的推荐，玻尔那篇著名的论文《原子和分子结构》在《哲学杂志》上发表了。玻尔提出的原子结构学说，比卢瑟福发表的详细得多，也更完善。他勾勒出氢原子的结构图，有一个电子围绕着原子核旋转，并且把放射性、元素的光谱与带核的原子联系在一起，第一次圆满地解释了原子惊人的稳定性、原子的电子层结构以及元素的周期率等。

青年玻尔

爱因斯坦称赞玻尔的理论是20世纪“最伟大的发现之一”。的确，他站在卢瑟福和普朗克两位巨人的肩上，摘到了原子物理的金苹果。

卢瑟福发展了老师汤姆逊的学说，卢瑟福的学说又在学生玻尔手中发扬光大。真可谓长江后浪推前浪！

1913年9月，卢瑟福出席了在英国伯明翰举行的不列颠学会的会议。他的唇上留起粗犷的仁丹胡，额前随意搭着几缕灰发，看上去有点发福了。居里夫人也参加了这次会议，这是卢瑟福第二次同她会面。这位坚强的女性比三年前更消瘦了，她衣着简朴，面带倦容，眸子深处仿佛隐藏着深沉的忧伤。

在会上，新闻记者们围住居里夫人，要采访她对自己两次荣获诺贝尔奖的感想。居里夫人的主要话题却是卢瑟福，她对这些无冕之王说：“我愿向英国传媒界进一句忠言，你们应当密切注视卢瑟福博士的发展……”

居里夫人预见到卢瑟福将成为原子物理研究的主帅。

战云密布

zhanyunmibu

1914年的新年钟声敲响了。

这是第一次世界大战爆发前最后一个祥和的元旦，人们都像往常一样，沉浸在新年的祈福和喜庆里。对卢瑟福一家人来说，这个日子更有点特别的意义：在新年皇诰的荣誉册上，首次出现了卢瑟福的名字。

2月12日，英皇乔治五世在白金汉宫召见了卢瑟福，授予他爵士勋章，以表彰卢瑟福对原子物理科学的杰出贡献。受封爵士在英国是最高的国家荣誉，通常只授给少数有杰出成就的政治家、文学家和科学家。开尔文是42岁时封为爵士的，主要功绩为开辟了人类第一条大西洋海底通信电缆。卢瑟福的老师汤姆逊也于6年前受封为爵士。

祝贺的信函从世界各地飞来，蒙特利尔、巴黎、维也纳的朋友们，都为他的授勋而高兴。已去德国柏林夏洛滕堡学院工作的盖革，也拍来了贺电。这时正好在柏林留学的查德威尔，也写来一封热情洋溢的信。查德威尔1913年获硕士学位，随即得奖学金赴德国学习。这个脸颊瘦削的曼彻斯特人在信中写道，他正跟着盖革进行放射性研究："同盖革一起干太有意思啦！"

无论是在柏林的学生，还是在曼彻斯特的卢瑟福，当时都没有预料到战争的魔影正步步逼近。

卢瑟福仍潜心于他的原子结构研究，并照常出席一些学术活动。4月，他应邀到美国讲学。在华盛顿国家科学院，卢瑟福作了关于《原子结构及元素的演变》的学术报告。然后，他顺道去加拿大蒙特利尔逗留了几天。4月的蒙特利尔冰雪尚未融化，气候很冷，蒙特利尔大学的旧部们盛情地欢迎了他。卢瑟福

在宴会上风趣地说:“幸亏我在蒙特利尔只待了九年，不然也许早冻成冰棍了。”

5月,卢瑟福结束了北美之行,起程前往澳大利亚,准备参加将在那里举行的不列颠学会。在墨尔本,他作了题为《原子和电子》的科普讲演。

就在卢瑟福在澳大利亚开会期间,世界大战爆发了。

战争的导火索，是6月28日奥地利皇太子斐迪南大公在萨拉热窝被刺。早有扩张野心的德国和奥地利,借这个“天赐良机”发动了侵略战争。7月28日,奥地利向塞尔维亚宣战。两天后,俄国宣布全国总动员。8月1日,德国对俄宣战。不甘寂寞的法国、英国,也在几天里相继参战。战火很快燃遍了欧洲。

卢瑟福被迫羁留在澳大利亚。当他9月初回到英国时,发觉这几个月里世界发生了很大变化。英国已经处在战争状态。他在曼彻斯特的实验室实际上已经空了,来自敌国的研究人员只要有办法的都回去了,其他国籍的研究者感觉到这场战火的威胁,也大多回到自己的国家。卢瑟福的研究团体一直被公认为“幸福的大家庭”,没想到,几个月里就分崩离析了。只有应邀从哥本哈根来的玻尔,还在曼彻斯特实验室工作。

战争改变了一切。

许多朋友忽然成了敌国人,但卢瑟福同他们仍然保持着零星的联系。在烽火连天的岁月,通讯非常困难,有的信件要通过第三国转递,辗转好几个月才能收到。

有一天,卢瑟福意外收到盖革的来信。这位32岁的杰出物理学家,正戴着钢盔在德军里服役。盖革在信中问候卢瑟福和许多老朋友,还特别提起,有一次回柏林休假,惊奇地发现市面上铀的买卖竟然很活跃,他很怀念从前在曼彻斯特研究α粒子的岁月。

战争爆发时查德威克在柏林被捕了,唯一的原因就是他是英国人。这时所有的英国人在德国都被怀疑是间谍。

莫利斯留下的珍贵照片

莫利斯也上了前线。他在英军里服役，头戴扁圆盔，肩上挎支步骑枪。在战时男儿参军是应尽的职责。

卢瑟福很希望莫利斯脱掉军装，回实验室来工作，他觉得像莫利斯这样的人才离开实验室太可惜了，而且随时都有生命危险。为了说服莫利斯，卢瑟福甚至在信中暗示他，回来有可能参加军事方面的项目。但是正当卢瑟福想方设法找当局挽留莫利斯时，莫利斯所在的部队已奉命开赴法国。

要在震撼世界的炮声中平静地搞纯科学研究，是不可能的。

1915 年 7 月，卢瑟福也受命加入英国海军研究部，以文职身份参加了军事项目。还有一些科学家也一起参加研究。研究部的任务负责水雷、潜艇和探照灯的研制，头儿是英国海军大臣费西伯爵。潜艇和 α 粒子虽然是风马牛不相及的两码事，但卢瑟福义无反顾地投入了这一特殊任务。

当时，正好有一艘英军的运输舰在希腊海岸被德国的潜艇击沉，上千名英国士兵葬身海底。卢瑟福对自己任务的重要性是很清楚的。他在曼彻斯特实验室的地下，建了一个巨大的水箱，专门用来研究水声学，也就是声呐原理。这个课题在当时对大多数人都很陌生，实际上是研制一种水下声音探测仪，利用潜艇发动机的声音侦察它的行踪。

8 月，从前线意外传来莫利斯阵亡的消息，一颗子弹穿过他的头部，当场毙命。卢瑟福获悉这个噩耗受到莫大的打击，哀痛的心情难于言表。莫利斯是他最器重的一个学生，还没有来得及充分展露他的全部才华就夭折了，死时年仅 27 岁。

战争是残酷的。

卢瑟福的另一个学生查德威克，仍然被关在鲁莱本的战俘集中营。这位将在十余年后作出重大科学发现的青年物理学家，注定还要经受一段煎熬。

刚进集中营时，查德威克感到闷得慌，也很焦躁。后来，战俘营来了一位名叫埃利斯的英国青年军官。每当放风时，查德威克都充满激情地向他讲解原子物理学，埃利斯成了他的难友加学生。查德威克这种不屈不挠的科学精神，感动了德国的同行们。在他们的帮助和斡旋下，经德国科学院出面交涉，查德威克在集中营里建起一座小型实验室，继续做他的放射性实验研究。在查德威克的点化下，埃利斯战后成了一名原子物理学家。这段轶事，简直可以称作是这场战争中的奇迹。

卢瑟福研究潜艇声呐的工作继续进行着，他和同伴佩吉特爵士专程到福斯湾的海军基地去考察潜艇，实地做试验。据说佩吉特爵士长着一对有特异功能的耳朵，能辨别潜艇发动机不同状态下的声音。卢瑟福拽着他的双腿，让他的头没入船体旁的海水中，佩吉特果然准确地判明了潜艇发出的噪声。

卢瑟福后来开玩笑说：

“当时我曾考虑过，该不该把双手撒开呢！”

“那英国海军恐怕就永远不会有声呐了。”佩吉特爵士也是一位科坛谐星。

两位爵士在实验中使用了各式各样的器件，包括老式传声筒、振动膜片、水下器械等，并且不断改进，最后成功地试制出一台水声探测器样机。这台探测器的心脏，是一个高灵敏的传声器，它能精确地测出潜艇的航行方位。一艘英国驱逐舰搭载着这台水声探测器出海，果然发现了一艘德国潜艇水下的踪迹，机智的舰长施放水雷，一举将敌潜艇击沉。海军本部对两位爵士的研制成果非常满意。

除了声呐，卢瑟福还研究了其他的水下仪器，包括水雷的深度记录仪等。他做任何事都是一旦参与就很投入，并取得累累硕果。

1917年美国宣布参战,大战局势发生了微妙变化。美国海军专家当时对声呐知之甚少,于是英法两国决定成立一个联合委员会,给他们提供技术咨询。卢瑟福和一位皇家海军中校被英国派作代表,他们先到法国,然后去华盛顿。在巴黎,卢瑟福再次会见了居里夫人和其他法国科学家。每一次居里夫人都给他留下谦和而疲劳的印象。在美国他会见了许多要人,和科坛同行们畅谈科学的问题。美国耶鲁大学特地授予他科学博士学位。

战火仍在燃烧,英吉利海峡时常有德国的潜艇出没。

卢瑟福并没有忘记他的原子结构,在为海军研制设备之余,他仍然“挤”时间从事原子结构研究。1917年底,他在给玻尔的信里透露说:“我已经得到一些终将证实具有极其重大意义的结果……我试图用这种方法把原子击破!”

玻尔立刻意识到,卢瑟福这句惊人之语不同寻常。

KEXUE JUREN DE GUSHI

深入物质心脏

主持卡文迪许

zhuchikawendixu

1918年11月11日，德国战败投降，德皇仓皇出逃到荷兰。历时四年的第一次世界大战终于结束，1000多万人死于这场浩劫，其中600万人为平民。全世界都为和平的降临欢呼庆祝。

战争刚一结束，卢瑟福就收到玻尔从哥本哈根寄来的一封长信。玻尔告诉他，丹麦人民都为战争结束感到欣喜若狂。

“我盼望现在就能回到英国，和您长谈……”玻尔写道，“亲爱的卢瑟福教授，这封信只是表示一下庆贺之意，我很快就会告诉您有关我的全部工作。”

玻尔于大战初期回国，1916年任哥本哈根大学理论物理学教授。当时他正在研究周期表中各族元素的电子环带和轨道分布，成绩显著。玻尔急于向卢瑟福报告他的研究进展。

当玻尔写这封长信时，一封卢瑟福11月17日给他的信正在邮寄途中。卢瑟福在信中邀请玻尔重返曼彻斯特大学工作。师生俩可谓“心有灵犀一点通”。

卢瑟福的信充满诚意和期望，他告诉玻尔，计划把曼彻斯特大学办成现代物理学研究中心，将在系里设立一名数学物理教授，希望玻尔考虑接受这一席位。

“你知道我们多么喜欢你来同我们一道工作啊。我想，你我二人能努力使物理学蓬勃发展起来。好好考虑考虑，一旦决定下来，立即告诉我……”

玻尔12月才收到卢瑟福的信，信封上注明有“私人信件、本人亲启”字样。玻尔看完信后，心情既激动又复杂。

卢瑟福描绘的前景太具有诱惑力了，能和自己最敬仰的老师一道工作，共同开拓原子物理王国,是玻尔求之不得的事。但是他的一项振兴丹麦物理学研究的计划,经过一年多的策划,正在实施中。这就是在哥本哈根大学建一座物理研究所,资金已经筹集齐,市政府的地也划拨好了。这是玻尔梦寐以求的研究所。

玻尔和妻子去找一位老朋友商量这件事,他们研究了一个通宵。玻尔终于明白自己离不开丹麦。几天后,他在给卢瑟福的回信中,怀着感激之情婉谢了老师的邀请。

不过,卢瑟福并未放弃初衷,他建议玻尔不妨先来曼彻斯特看看再说。战争刚结束的欧洲,正处在劫后的混乱状态中,所有的船只都被征募去运送士兵回国了,火车车厢里也挤满了旅客。玻尔暂时难以成行。

冬天在期待中过去了。

哥本哈根的研究所按部就班地在施工,卢瑟福本人的职位却遇到一个新的机遇,面临着重大的抉择。

1919 年 3 月,汤姆逊被聘为剑桥大学三一学院院长,这是剑桥享有很高荣誉的职位。他身兼卡文迪许实验室主任和三一学院院长两职,又于四年前当选为英国皇家学会会长,感到太累,于是决定辞去卡文迪许实验室的职务。

卡文迪许实验室是英国最有声誉的实验室,汤姆逊的接班人很难遴选。经过一番征询,人们认为最合适的人选是卢瑟福。

于是不久,卢瑟福接到剑桥方面的建议,他不禁心潮涌动。

担任卡文迪许实验室主任,不仅是英国物理学界最崇高的职位,也意味着担当了世界科学中心的总指挥。这是一种莫大的荣誉和信任,而且是终身聘任。

卢瑟福对卡文迪许实验室怀有经久不变的感情。正是从这里他开始了原子物理的研究,并登上世界科坛的;而且剑桥大学卡文迪许的教授,毫无疑问是英国最重要的物理学教授职务。

不过卢瑟福也有些犹豫，汤姆逊是他的老师和多年好友，对他有知遇之恩。卢瑟福有点担心，自己提出这一申请会不会影响同汤姆逊的友谊，于是他给汤姆逊去了一封直率的信，说明自己的顾虑，希望得到老师的体谅。

很快，汤姆逊从剑桥寄来回信。这位英国科坛泰斗十分友好地欢迎卢瑟福来卡文迪许主持工作，并且友善地表示，他绝不介入实验室的事务。

卢瑟福经过考虑，向剑桥大学提出了应聘卡文迪许的申请。

接下来，校方委派了一位代表，往返于剑桥和曼彻斯特两地间进行斡旋。最后决定，由卢瑟福担任卡文迪许的教授和实验室主任；剑桥三一学院的院长汤姆逊爵士作为不领薪的物理系教授，在卡文迪许保留自己的实验室以及部分实验人员和助手，继续进行研究工作。整个卡文迪许实验室归卢瑟福领导。

这个关系很微妙，老师的领地处在学生的辖区内，而学生又不能管辖老师。不过同国家的利益和整个原子物理学的事业相比，个人的关系总是小事。

1919 年 4 月 2 日，卢瑟福正式受聘于剑桥大学，出任卡文迪许教授职务，成为这座世界一流的物理实验室的第四任掌门人。

前三任实验室主任都是英国最伟大的物理学家，他们是电磁理论创始人麦克斯韦，也是卡文迪许实验室的创立人；著名的物理学家瑞利伯爵、氩气发现者及 1904 年诺贝尔物理学奖得主；汤姆逊爵士，电子发现者及 1906 年诺贝尔物理学奖获得者。

麦克斯韦

卢瑟福作为 α 粒子和原子核的发现者，以及 1908 年诺贝尔化学奖得主，他继任这一光荣职位也是当之无愧的。

有意思的是，卡文迪许后三任主持人获得诺贝尔奖时的年龄，一个比一个年轻：瑞利62岁，汤姆逊50岁，卢瑟福37岁。而三人获奖的时间，恰巧是每相隔两年，这是否标志着卡文迪许实验室举世瞩目的成就和辉煌的前景呢！

瑞 利

学期到6月才结束，卢瑟福需要教完曼彻斯特大学最后一部分课。他和汤姆逊协商好，6月以前仍由汤姆逊指导实验室的工作，从假期之后卢瑟福开始承担实验室的领导工作。

初夏时节，卢瑟福举家迁到剑桥。这座美丽的大学城，令卢瑟福夫人和女儿非常开心。爱琳已是亭亭玉立的少女，她喜欢剑桥的恬静和充满诗意的气氛。在剑桥的女皇路，他们找到一座空置的楼房，环境幽雅，带着花园和一大片草坪。卢瑟福夫人和女儿觉得这是再好不过的住处了，她们很容易地租下这个地方。卢瑟福在这里一住就是20年。

汤姆逊

卢瑟福在卡文迪许实验室任职不久，他的身旁又聚集了一批年轻的科学家。查德威克已从德国战俘营归来，这位矢志不渝的青年物理学家回到剑桥，同卢瑟福一道工作，进行α粒子轰击实验。卢瑟福永远处在研究团体的核心位置上，他和蔼可亲，精力过人，总是放手让年轻人去做尖端课题。他们背后都亲昵地叫他“老爸”。

大战时在德军里服役的盖革，这时也给卢瑟福来了信。他希望已成过去的那场战争不致影响科学家之间的友谊，并为自己荒疏了业务感到苦恼和惋惜，颇有“噩梦醒来是早晨”的感慨。

卢瑟福回信鼓励盖革在科研的路上重新开始。不久，盖革回到柏林大学，继续他的研究工作，并对计数器作出许多新的改进。

不过莫利斯却永远回不来了！他的英灵留在了异国，这是卢瑟福感到终生遗憾的事。

没有多久，卢瑟福曾经担心的事出现了。

在卡文迪许实验楼里，汤姆逊保留有自己的私人实验室，另外有好几个房间，还有一部分研究生和由他指定的助手。像汤姆逊这样的特例是很少的。他是一员驰骋科坛的夙将，虽然不挂帅了，但宝刀未老，仍不肯退出沙场，而且他是独立作战，天马行空，这自然给"少帅"卢瑟福造成了某些为难，摩擦往往难以避免。但是卢瑟福对自己的恩师始终怀着父亲般的感情，他以最大的耐心与汤姆逊达成了谅解，详细划分了实验室的使用范围和彼此的职责。两人几经修改签署的谅解协议，连律师都感动得热泪盈眶。

卢瑟福逐渐理顺了剑桥大学的事务，他的家庭生活也很幸福。太太对他照顾得无微不至，女儿爱琳也很乖巧。看起来，他的人生似乎步入了中年后的平和阶段，可以不用那样紧张了。

实际上，一个令科学界震惊的重大发现正在等待着他。

击破原子核

jipoyuanzihe

1919 年秋天来到了，剑桥的天空显得格外晴朗。

每天清晨，卢瑟福照样准时走进卡文迪许实验室的橡木大门。不过细心的同事发现，他的脸膛焕发着红光，两眼炯炯有神。

有时，走廊上会忽然传来他哼的小调《前进，基督的士兵》，这是他心情愉快或亢奋的标志。人们好奇地在背后议论：

“主任有什么喜事吧？”

“大约爵士的千金快结婚了。”

“不对，嫁女不会这么高兴的。”

正当大家都猜不透时，卢瑟福发表了惊人的结果，他宣布了自己来剑桥后的重要发现——用 α 粒子做炮弹，去轰击原子核，实现了元素的人工转变！

这是人类第一次分裂原子核，意义非常重大。这也是卢瑟福对原子物理研究的又一重大贡献。这项研究卢瑟福已经酝酿多年，一直不动声色地进行着。

前面曾提到，1917 年底，玻尔就获悉卢瑟福试图分裂原子的惊人消息。卢瑟福在信里告诉玻尔说，他正在实验中“搜寻被 α 粒子驱动的更轻的原子”。

卢瑟福在信中兴致勃勃地写道：“我已经得到一些终将证实具有极其重大意义的结果……我试图用这种方法把原子击破！”

这是一个非同凡响的举动。卢瑟福正在尝试前人没有做过的事。要击破原子，使它发生变化，这在当时是件不可思议的事，因为人们都认为原子是不可分的。开尔文勋爵曾在 1907 年宣称：“原子是永恒的，是不可分割的单位。”

卢瑟福的目光一直注视着原子的内部，梦想征服这个神秘的王国。主持卡文迪许实验室后，他继续进行原子结构的深层研究。当初向维也纳学会借的镭，也带到了剑桥，成为他的主要实验源。维也纳学会很大气，这半克纯镭至今还没有付款呢。

早在大战之初，卢瑟福的学生马斯登用闪烁镜观测 α 粒子在空气中的轨迹时，曾发现出现了一些射程特别长的粒子。α 粒子在空气中的射程通常为 7 厘米左右，而现在这些家伙射程竟长达 40 厘米，“火力”十足。马斯登就是和盖革一起发现 α 粒子大角度折射的那个大学生，做事很认真，他反复检验，证明实验无误。

如何解释这个反常现象呢？马斯登猜测，这是空气里的氢离子受到 α 粒子撞击所致。氢离子比 α 粒子轻 4 倍，所以被撞击后射程很远。没有多久，马斯

卢瑟福在剑桥大学的一间研究室(20 世纪 20 年代初)

登离开了曼彻斯特去参军,他的研究也就中断了。

不过,卢瑟福没有放过这个“异常”。

尽管当时他忙于声呐等军事任务,仍挤出时间做了大量实验。1917 年底他给玻尔的信,透露的就是这个实验。

卢瑟福使用了各种不同的气体进行实验，经过近三年的努力，终于在 1919 年秋天获得了惊人的结果。

卢瑟福和助手发现:用 α 粒子轰击室内的氮时,也能获得氢核！换句话说,氮原子核被 α 粒子击破裂后,射出原子量为 1 的带正电粒子,也就是氢核(后来称为质子)；破裂后的氮原子核和 α 粒子结合成另一种元素氧原子核。虽然射出的氢核数量微乎其微，但意义却极为重大。这是人类第一次成功地分裂了一个原子！也是人类第一次用人工方法实现元素的转变。

卢瑟福的实验仪器并不复杂。这是一个密封的容器,通过活拴灌入或抽去气体。容器内的 α 射线源(镭)放在可以移动的支架上,以便调节它和闪烁屏之间的距离。

卢瑟福的助手埃利斯通过显微镜观测荧光屏上的闪烁，这是很费眼力的事,有时请一些大学生来担当此任。为了便于观察,房间里只能保持微弱的光线,在等待的时候,学生们坐在实验室尽头的凳子上,一面喝着茶,一面饶有兴致地听卢瑟福大侃海外的奇闻。

到实验进行时,大家则是全神贯注,不敢怠慢。卢瑟福曾先后把不同的气体充入容器试验。当用氮气充入试验时,他们发现射线源至闪烁屏间的距离即使超过 α 粒子射程很多,屏上仍有闪烁可见。这就是氮核被 α 粒子击破后放出的氢核!

卢瑟福在论文中写道:“我们只能得出以下结论:氮原子在快速 α 粒子的直接轰击下转变了,放出的氢原子曾是氮核的组成部分……可以预料,如果实验中的 α 粒子有更大的能量的话,我们可望击破许多轻元素的原子核。”

用这样简单明了的实验,得到了如此重大的科学结论。

卢瑟福永远是能用最简单的相机拍出最好的照片的高手。

果然在几年后,卢瑟福和查德威克一起相继证明了氟、钠、铝、硼和磷等元素都可以产生类似的转变。这些都是原子序数排在前面的轻元素。

追寻中子

zhuixunzhongzi

1920 年元旦降临了,剑桥大学里银装素裹。

这是一个喜庆欢乐的新年。卢瑟福的家里聚满了客人,男人们尽兴地谈着时政新闻、原子核以及街头的趣事。太太们则围在一起品评花边,说着各家闺女的事。

掌灯的时候,19 岁的爱琳回到家里,满面春风。她刚参加年轻朋友的“派对”,玩得很开心。她是那天舞会上的公主,引来许多爱慕者的追求,最有希望的白马王子,是一位名叫福勒的青年物理学家。卢瑟福对那个小伙子的印象不错。

新年过后,卢瑟福除了处理卡文迪许的日常事务外,照常思索着原子结构的问题。他想,既然原子内有带负电的电子,也有带正电的质子(即氢核),为什么就不可以有一种不带电的中性粒子呢?

这个想法并不是异想天开。他的实验已经证明,氢核是氮原子核,也是各种元素原子核的组成部分。但是让人费解的是,每种元素的原子序数(电荷数)和原子量(质量数)却存在着矛盾。比如原子序数为 2 的氦原子有两个电子,但它的原子量却不是 2,而是 4。这只有两种解释:要么它的原子核有 4 个质子;要么它的核里有两个质子加上两个质量同等的中性粒子。而第一种解释说不通,因为 4 个质子带 4 个单位正电荷,与两个电子的 2 个单位负电荷不能平衡。而作为一个整体,原子是不带电的,这就自然会考虑后一种解释,也就是存在中性粒子的可能了。

这年 6 月,卢瑟福在贝克尔演讲中提出了著名的中子假说。他预言,在原子内部的某个地方,可能存在着一种尚未被觉察到的中性粒子。这种中性粒子如果真的被发现,它一定是一种异乎寻常的、极难对付的小东西。卢瑟福形象地说:“它能自由地穿透物体,也许不可能把它禁闭在一个密封的容器中。”

他甚至预见到,如果用这种类似射弹的中性粒子轰靶,其威力也许比 α 粒子大得多。

贝克尔演讲在英国是档次很高的科学讲座,每年荣誉邀请最有威望的科学家主讲。卢瑟福选择在这个场合来发表他的见解,说明他是经过深思熟虑的。

卢瑟福预见的这种中性粒子就是后来说的中子。

据卢瑟福的得力助手查德威克后来回忆,这次讲座后不久,卢瑟福在一次实验的空隙，向他详细阐述了原子核结构的思想。卢瑟福告诉他，如果原子的基本粒子只有质子和电子，那要构成复杂的原子核将非常难，所以需要引入中子。查德威克被说服了。

“当然，我这纯粹是一种猜想。”卢瑟福坦率地说，“重要的是证明它。”

“我来试试看！”查德威克自告奋勇当此重任。

从第二年开始，卡文迪许实验室在卢瑟福的率领下，开始了追寻中子的一系列实验。这是一场漫长的马拉松战役。尤其是查德威克，他认准了目标，坚持不懈地探索下去。

但是，中子的踪迹一直没有被发现。

卢瑟福自己也试图用实验证明中子的存在，可惜未能成功。

一位颇有资历的学者，因此对“中子假说”提出质疑。

在一次聚会上，这位先生奚落卢瑟福道：“既然阁下预言的中子找不到，说明它也许是子虚乌有的……我倒觉得电子不都像汤姆逊爵士发现的那么小，说不定存在大型的电子啊。”

卢瑟福瞪了他一眼微笑说：“我可不希望在我的实验室里有一个气球般大的电子。”

那位学究红着脸不吱声了。

1920 年夏季，在一年一度的不列颠学会上，卢瑟福提出一项统一原子物理名称的建议。他认为当时对基本粒子的叫法很乱，有的用语离奇古怪，很有必要规范化。卢瑟福建议把氢核称为“质子”，洛奇爵士表示赞同。大会最后采纳了卢瑟福的建议。

汤姆逊曾经说过，带负电的基本微粒应该叫“电子”。这个意见在这次会上也得到确认。这两位原子物理开拓者给各自的“孩子”取的名字，一直沿用到今天。

捷报频传

jiebaopinchuan

1921 年,卡文迪许实验室没有什么重大发现。

但在这一年里,卢瑟福有三件愉快的事:应玻尔的邀请去哥本哈根,参加玻尔研究所的落成典礼;爱女结婚;弟子荣获诺贝尔奖。

玻尔的研究所按原计划 1920 年应该落成,但由于施工等问题,尤其是玻尔对设计图纸一改再改,令建筑师大为恼火,所以延迟了工期。这不禁让人想起法国大文豪巴尔扎克,经常把出版社送来的清样改得一塌糊涂,令排字工人叫苦不迭。这个原子研究所对玻尔来说,其实比巴尔扎克的《人间喜剧》更重要,玻尔倾注了大量心血。卢瑟福夫妇应邀到哥本哈根出席落成典礼时,研究所实际上还没有竣工,玻尔想临时更改日期已来不及了。不过,能让老师亲眼目睹丹麦物理研究的崛起,这一刻是他最得意的时刻。

在哥本哈根大学,卢瑟福作了三次关于原子结构的演说,受到师生们的热烈欢迎。哥本哈根大学特地授予他名誉学位,给他的一长串荣誉头衔又增添了纪录。

从丹麦回国不久,卢瑟福的女儿爱琳做了新娘,新郎就是那位青年物理学家福勒。一对新人,在三一学院小教堂里举行了婚礼。福勒温和厚道,勤奋好学,在理论物理方面很有造诣。

卢瑟福是一个天才的实验物理学家,一向对搞纯理论的有点轻视,甚至颇有微词,不过对女婿似乎有点另眼相看。

福勒也不负岳父大人的期望,后来成为有建树的理论物理学家,并成为英国皇家学会的会员。

1921年，卢瑟福还有一件高兴的事，就是他从前的学生索迪因为提出同位素假说，荣获了该年度的诺贝尔化学奖。这一年的诺贝尔物理学奖得主是爱因斯坦。

所谓同位素是指同一元素的不同类型，它们具有不同的原子量，但性质却相同。索迪于1910年提出，这些化学性质相同而物理性质不同的物质，是由于同时失去α粒子和β粒子的结果。它的原子量变了(因为α粒子较重)，但核的电荷数保持不变。他的这个假说，圆满地解释了令科学家们困惑不解的同位素之谜。

索迪在给卢瑟福报喜的信中说，几年前在蒙特利尔工作时，他做梦也没有想到自己会得诺贝尔奖。

高兴的事情接踵而至。

第二年又传来捷报：卢瑟福的另一位得意门生阿斯顿，因发明质谱仪及发现多种放射性同位素，获得1922年的诺贝尔化学奖。

仅此一项已够卢瑟福开心的了，没想到竟是双喜临门，又有好消息传来——1922年的诺贝尔物理学奖得主是他最得意的学生玻尔。玻尔得奖的原因是1913年建立的“玻尔原子模型”，对原子物理研究产生了重要影响。

卢瑟福的学生包揽了1922年诺贝尔奖的物理学、化学双奖，一时传为科坛的佳话。真是名师出高徒！

1923年秋天，不列颠学会的年度例会在利物浦举行，卢瑟福任该年会的主席。他在那篇传播甚广的主席致词中说，不列颠学会上次在利物浦开会的时间是1896年，那时年轻的马可尼证明了，可以在短距离上传送无线电信号；而到了1923年的今天，全英国都能收到无线电广播了。这说明科学的飞速发展改变了世界的面貌，他早年的梦已成了现实。

为了对他早年研究无线电表示崇敬，英国电台破天荒地现场直播了这篇演讲。这是英国公众第一次听一位科学家的广播讲话，在当时轰动一时。

卢瑟福在致词中还说:“人类对化学元素认识的空白，也在这两次会议间的 27 年里被逐步填补起来。此时此刻,在全世界的物理实验室里,都在进行原子的人工分裂。这是人类征服微观世界的第一步。但是我们必须看到,原子内部还有许多问题是神秘莫测的,那里可能正发生着超越一般物理定律的事情,那是一片神奇、冒险而充满诱惑的世界……”

卢瑟福的话,朦胧地包含着对原子核探索的警告。他的话不幸在 20 年后被言中。卢瑟福也许没有料到,小小的原子产生核裂变、骤变,竟然会变成足以摧毁人类的原子弹、氢弹!

全世界都知道卢瑟福是伟大的原子物理学家,也有很多人记得,他还是一位研究无线电的元勋。1924 年,卢瑟福意外收到一封来自大西洋彼岸的无线电报,电报是蒙特利尔麦基尔大学的伊夫博士拟的,向卢瑟福亲切问候。让人称奇的是,发报人是该校一个名叫雅各布的爱好无线电的学生,他的发射机功率为 80 瓦,波长 100 米。

电波越过 5000 千米的大西洋上空,从蒙特利尔传到英国,被一位红十字

1922 年卡文迪许实验室研究人员合影(前排右 5 为卢瑟福,右 6 为汤姆逊。)

会的业余无线电爱好者用莫尔斯收报机收到，再转寄给卢瑟福。卢瑟福收到这封电报，十分惊喜，他用同样的方式给伊夫博士回了电。真是海内存知己，天涯若比邻。

卢瑟福在蒙特利尔工作过九年，在麦基尔大学作出了一生中最重要的科学发现，他时常惦记着从前的同事和学生们。

1924 年 9 月，不列颠学会的年会在多伦多举行，卢瑟福终于有机会重游加拿大，随他同行的有卢瑟福夫人和女儿、女婿。他们难得能举家出游，度过了一次愉快的假期。年会结束后，爱琳和丈夫陪着母亲骑马到东部落基山脉游览去了；卢瑟福同伊夫博士待在一起，在一个湖里游泳垂钓，两位学者钓了不少鳟鱼，最后满载而归。

在蒙特利尔，卢瑟福受到麦基尔大学师生的夹道欢迎。新一代的大学生们都知道卢瑟福爵士的大名，如今亲眼见到他的风采，聆听了他闪烁着智慧和思想的演说，受到莫大的鼓舞。

在加拿大期间，卢瑟福还收到查德威克的来信。查德威克当时也在苏格兰的山村休假，仍念念不忘中子。这位瘦削的怪才在信中写道："我认为，我们必须对中子进行一次彻底的搜寻，我相信我有一个可以实施的计划……"

卢瑟福把信递给女婿福勒博士看，福勒沉吟了一下说："中子既然不带电荷，就很难查出它的踪迹来，除非有特殊的手段……"

卢瑟福微微颔首，他知道这很难，但相信它一定存在。

10 月，卢瑟福回到了剑桥大学。查德威克也度完假回来，他的计划是采用 20 万伏的高压来加速质子，用高速的质子作炮弹打入原子，也许能找到中子存在的证据。想法很好，可是制造 20 万伏高压的加速器所需经费太多，无法实现。查德威克只得改用台斯拉线圈产生的高压进行实验。

两个月过去了，神秘的中子连影子都没有找到。圣诞节却悄悄来临了。圣诞过后又是新年。

衣锦还乡

yijinhuanxiang

1925年的新年钟声，又给卢瑟福送来一份厚礼，他被乔治五世授予1925年新年的荣誉勋章。在英国只有最杰出的人物才能获得勋章，尤其是科学家获得这个荣誉的更少。卢瑟福面对着锦团殊荣，仍很谦虚，他表示，与其说这是他个人的荣誉，不如说是英皇意识到科学对国家和未来的价值越来越大。

在一次皇家文学学会的演讲中，卢瑟福讲到原子物理学的发展时，特别提到了玻尔的原子结构。他指出，从两个世纪之交算起，30年来，实际上总共只有三个基本发现，那就是：1895年伦琴发现X射线；1896年贝克勒尔发现放射性；1897年汤姆逊发现电子。卢瑟福认为，后来的一切科学研究工作，都源于这三大发现，他没有提到自己。事实上，如果没有卢瑟福的杰出贡献，世界原子物理学的历史恐怕要改写。

同年初夏，54岁的卢瑟福当选为英国皇家学会主席。这是英国科学家最高的职位，卢瑟福深感荣幸和兴奋。他在任五年，得到科学界的深深敬仰和爱戴。

当选皇家学会主席不久，卢瑟福偕同夫人登上了赴澳洲的旅途。他们搭乘艾斯卡尼亚号轮船，从利物浦出发，绕过非洲好望角，再到澳大利亚。在船上，卢瑟福伉俪受到特别的礼遇，他们被安排在豪华的贵宾客舱里。

艾斯卡尼亚号一路乘风破浪。船在南非开普敦短暂停留时，卢瑟福拜访了开普敦大学校长。在澳大利亚，他们周游了阿德莱德、墨尔本、悉尼等城市。每到一处，卢瑟福都应邀作了有关原子物理的学术演讲。几乎每天都有新闻记者跟踪采访他，慕名而来的拜访者络绎不绝。在悉尼大学演讲时，由于校方事先估计不足,会场容纳不下爆满的听众,差点酿成事故。

结束澳大利亚的访问后,卢瑟福偕夫人回到阔别多年的故乡新西兰。一踏上故土,卢瑟福就感到浓厚的乡情。

他受到皇室人员般的隆重接待，新西兰政府颁发给他和夫人两张特别通行证,可以随意搭乘火车去各地旅行。在惠灵顿、纳尔逊和克赖斯特彻奇,他精彩的演讲和和蔼可亲的风采,倾倒了无数的听众。在克城的母校,卢瑟福伉俪观看了学生们表演的毛利族舞蹈。孩子们用绳子拉着他乘坐的汽车,欢呼着满街奔跑。

卢瑟福的衣锦还乡在家乡引起了轰动。

“乡下的孩子发迹了！”

最激动和高兴的自然是他的双亲——父亲已经86岁高龄，母亲也已82岁,两位老人为儿子的归来兴奋得彻夜难眠。真想不到,儿子当年赴英留学时只有24岁,如今回来时已成为世界著名的人物了。

几十年的岁月,纳尔逊镇变化并不大。令卢瑟福深感遗憾的是,他家原来住的那座木板房早已倒塌了。新西兰当时很少有砖石结构的建筑,房屋大都是木质的。卢瑟福到泉林村去寻找他出生的那间小木屋,也找不到了,只有一群小鸡雏在空地里啄着蚯蚓玩。

恰好这时,女婿福勒从英国拍来一封海底电报,向卢瑟福报告喜讯:他的外孙女伊利莎白平安出生了。

这个世界又多了一个幸福的小公主!

KEXUE JUREN DE GUSHI

“现代炼金术士”

原子发生了嬗变

yuanzifashengleshanbian

卢瑟福夫妇从澳大利亚返回英国时，是沿着印度洋航线。轮船绕过斯里兰卡、也门，再经苏伊士运河。卢瑟福在埃及游览了四日，雄伟的金字塔令他和夫人大饱眼福。在斯芬克斯狮身人面像前，卢瑟福伫立良久。那张被风沙剥蚀和岁月包装的神秘面孔，让他联想到宇宙的博大和深邃莫测。

在开罗逗留期间，卢瑟福收到助手卡皮查从剑桥寄来的一封信，向他报告近期的实验进展情况。卡皮查是一位来自苏联的青年科学家，非常杰出。他在卡文迪许实验室参加了许多元素转变的实验，成绩卓著，卢瑟福很器重他。

卡皮查在信中兴奋地写道："我已经获得了27万伏的高压，可惜电压不能再高了，否则线圈会砰地被烧毁。"

查德威克曾计划采用20万伏的高压来加速质子炮弹，用它轰击原子，以寻找中子存在的证据，后来因为费用太大未能实现。卡皮查现在得到了超过20万伏的电压，不过仍然没有发现中子的存在。这位年轻的物理学家希望得到更高的电压，但未能奏效，巨大的电场只能存在瞬间就消失了。

在一段时间里，卡文迪许实验室寻找中子的工作只得暂停下来。不过查德威克仍然确信中子的存在，他从来没有放弃过这个努力。

卢瑟福担任皇家学会主席后，社会活动增多了，加上皇家学会的日常行政事务还需要过问，这就占去了他相当的时间和精力。卢瑟福不是那种只挂名不做实事的人物，主持学术研讨会，发表科学演讲，他都非常认真和投入。

作为皇家学会的主席，除了精通本专业的科学问题以外，他还需要拓展和充实其他科学领域的知识。1926年，卢瑟福曾在皇家学会组织过考察大气层

问题的热烈讨论。这一次系列讨论的影响深远，会上提出的用气球探测大气层空间的想法,20年后成功地运用在宇宙线探测上。卢瑟福还在皇家学会上作过《大气稀有气体》的学术报告,他在报告中介绍了瑞利爵士的工作，还有那位老相识兼“冤家对头”拉姆赛的研究和贡献。拉姆赛已于1919年去世，享年77岁，他一生中曾发现氦、氖、氩、氪、氙、氡等多种气体元素。卢瑟福指出，拉姆赛爵士发现的氖气已在美国大量用于广告和照明，他预言这种美化世界的霓虹灯很快会传到英国来。拉姆赛老先生若能知道,一定会含笑九泉的。

皇家学会主席卢瑟福

卢瑟福也许感到盛名重荷的疲倦,他开始谈到休息,但是攻克原子王国的夙愿他总难以忘怀。他在给一位朋友的信中写道:“我希望自己在脱离实际工作以前,能知道更多一些原子核之谜。”

他这时才55岁,正是一个学者最成熟和事业鼎盛的时期,很难设想他会退出征服原子核的第一线。

在这个阶段,卢瑟福一方面深入思索着原子核的结构,一方面和查德威克一起进行了系列的实验研究,他们用α粒子轰击了铝、镁等轻金属的原子核,探索元素之间相互转变的可能性。卢瑟福和助手们已在卡文迪许实验室里先后证实了有12种轻元素可以分裂,原子牢不可破的神话终于被粉碎,神秘的原子核在卡文迪许实验室里一个个被攻破。

实验表明,每个原子核被分裂时,都会放出一个质子来。然而,作为炮弹的α粒子去向如何呢？这引起卢瑟福的思索。

一种可能是它与靶核结合了;另一种可能是它从靶核反弹出来,而靶核同时发射出一个质子。两种反应形成的元素迥然不同,但由于它们的原子数目远远不够,要用化学分析来辨别几乎不可能。这时,卢瑟福的一个研究生布莱克特,想到另一个办法。

卡文迪许实验室有个实验员叫威尔逊，战前曾发明了一种显示粒子轨迹的仪器,即有名的威尔逊云室。它其实是一个透明的小容器,里面充满湿度饱和的空气。当带电粒子穿过云室时,潮湿的空气会突然膨胀,形成微小的雾粒,从而准确地显现出粒子通过的路径,它显然比盖革计数器更直观。1911 年,威尔逊从云室照片上成功地找到了 α 粒子、β 粒子和电子的踪迹,威尔逊云室因此名声大噪,成为核物理研究的重要工具。威尔逊因为发明云室的功绩,后来荣获 1927 年的诺贝尔物理学奖。

布莱克特把云室方法进行改进,进一步提高了探测效率。他断定,如果 α 粒子从靶核反弹出来,那么云室会显现出三条从碰撞点发出来的轨迹,即 α 粒子、质子及反冲核的痕迹。相反,如果 α 粒子和靶核形成一个复合核,则只会出现两条轨迹,即质子和复合核的痕迹。

布莱克特用 α 粒子轰击氮原子,进行了大量的观测实验。1925 年,他从大约 40 万张 α 粒子轨迹的云室照片中,终于找到 8 张显示有两个分叉轨迹的照片,从而证明了 α 粒子轰击氮核产生的元素嬗变,实际上是一种合成过程。也就是说,α 粒子被氮核并吞了。当氮核并吞了一个 α 粒子后,质子数由 7 变成了 9;在合并时它同时射出一个质子,质子数由 9 降为 8,这个质子数为 8 的复合核就是氧元素！ 换句话说,7 个质子的氮元素同 α 粒子相结合，同时射出一个质子,变成了拥有 8 个质子的氧元素,即原子发生了嬗变。

这意味着,卢瑟福在 1919 年就把氮变成了氧。这种人为地把一种元素转变成另一种元素,是从来没有人实现过。

布莱克特因为这一发现,后来荣获了 1948 年的诺贝尔物理学奖。

黄金梦

huangjinmeng

1926年秋天,不列颠学会的年会在牛津召开。卢瑟福在这次年会上,报告了他和助手近期的研究成果。

新闻界一些喜欢捕风捉影的记者欢呼喝彩,把卢瑟福称为“现代炼金术士”,并在报纸头版刊登文章,标题是:

“点石成金不再是神话!”

“哦,卢瑟福爵士,转变元素的魔术大师!”

在这些无冕之王的笔下,卢瑟福爵士成了头戴金冠、身披鲜红大氅的术

早期图书插图中的炼金术实验室

士，他的助手们一个个手挥蒲扇，满脸通红，瞪大眼睛瞧着黄金从玻璃瓶中变出来。

人们产生了一种错觉，加上商业因素的诱惑，许多人梦想一夜之间把便宜的金属变成黄金。有人甚至宣称，自己可以当众表演这一绝技。

卢瑟福回答记者说，科学来不得半点虚假，他研究元素的转变，目的是探索原子世界内部的奥秘，并不是像古代那些炼金术士一样，梦寐以求地想把廉价的水银变成昂贵的黄金。

“时常听到有人说，他能把金子制造出来。请问爵士对此有何评价？”记者问卢瑟福。

卢瑟福淡然一笑：“这种人不是狂妄的野心家就是江湖骗子。在人们不怀疑蕴藏着黄金的地方，可能只有很少的金子；但如果有人宣称他把某种金属的一部分变成了金子，我们可以断定一开始那里早就有金子存在着。”

卢瑟福指出：“把一种金属变为另一种金属并不是不可能，但是要使它达到商品化，至少在相当长的时间内是不可能的。”

卢瑟福说这话的时间是1926年。如今70多年过去了，“点石成金”仍然是天方夜谭式的神话。

事实上，用α粒子作炮弹只能轰击轻元素的核，对重元素无能为力。因为重元素的原子核有很强的正电荷，对于正电荷，α粒子有强烈的排斥力。金和铂等贵重金属都是重元素，金的原子量为79，也就是核里有79个带正电的质子；铂的原子量为78，核里有78个带正电的质子。要攻破它们的堡垒，谈何容易！

一个有趣的事实是，水银也就是汞元素，原子量为79，紧邻着金。在古代人们并不知道元素周期表，炼金术士们却选中水银来炼黄金，倒是一个奇妙的巧合。这些古代的原始化学家们，也许在冥冥之中猜到了点什么。在元素周期表上相邻的元素，存在着转变的可能性。

不过,认真说起来,那些"太上老君"们还是选错了原料,因为如同布莱克特证明的,用 α 粒子实现的元素嬗变是一种合成过程,嬗变的结果是元素向右增进一位:原子序数为 7 的氮变成序数为 8 的氧。也就是说,即便是重金属能实现嬗变,他们只有选铂做原料,才有可能"炼"出黄金来,然而铂(俗话说的"白金")的价钱比黄金可能更贵。这就难怪了,古代炼金术士的黄金梦永远是竹篮打水一场空。

卢瑟福在探索原子世界的征途上继续奋进。

在伦敦举行的一次物理学会的演说中,卢瑟福指出牛顿力学不适用于原子内部的微观世界。

这是他经过多年的探索和研究得到的真谛。

他说:"毫无疑问,在如此之小的距离内,适用于带电粒子间的经典力学定律显然已经破产了。"

这表明,他渐渐接近了原子核的奥秘。

汤姆逊和卢瑟福师生俩在交谈

1926 年 12 月 18 日,汤姆逊 70 岁寿辰庆祝会在剑桥举行,盛况空前。卢瑟福怀着崇敬和爱戴之情到会,祝自己的恩师健康长寿。他比喻说,"汤姆逊爵士就像处于中心的太阳一样,并不因岁月的流逝而衰老,恰恰相反,他从某些未知的能源中不断吸取着能量……"

汤姆逊端坐在桌首,

以慈祥的微笑回报大家的祝贺。

这位英国物理学界的泰斗，28 岁担任卡文迪许实验室教授，41 岁发现电子，50 岁荣获诺贝尔物理学奖，59 岁时当选为英国皇家学会主席。他的一生对原子物理学的发展起了重要的作用，贡献卓著，同时还培养了一大批包括卢瑟福、玻尔、威尔逊在内的科学精英。汤姆逊领导卡文迪许实验室 30 多年，形成了优良的科研传统，使这座著名的实验室成为诺贝尔奖金获得者的摇篮。

汤姆逊还有个外号叫“老抠”。因为他一贯主张自己动手制作实验仪器，据说自他在卡文迪许实验室当主任后，经他亲手批准购买设备等费用，不超过两万英镑。他这种严谨简朴的作风，培养锻炼了很多人才。卢瑟福从中受益不少，他的许多重大发现都是用简单的手段实现的。

赤子心

chizixin

卢瑟福仍然忙于各种行政事务，参加有关会议，主持皇家学会的活动，出席一些隆重的庆典。要当好英国皇家学会主席和卡文迪许实验室教授两个角色，就够他忙的了，更何况他还要在实验室搞自己的研究。

人们在公众场合看见卢瑟福爵士，与其觉得他是位教授，不如说他更像一个农民，他总是笑眯眯的，体格粗壮，红光满面。

在科莫举行的意大利电学家伏特 100 周年诞辰会上，一个小学生悄悄问他的母亲：“妈妈，坐在主席台上的那个老伯是谁呀？”

“孩子，他就是英国皇家学会的主席卢瑟福爵士！”

“哦，皇家学会主席？我还以为是山里来的客人哩。”

卢瑟福非常关注原子物理学的科普工作。

许多大科学家都重视把新的理论通俗地介绍给大众，卢瑟福继承了这

一优良传统。他喜欢应邀到各地作科普演讲，每一次演讲都受到听众热烈的欢迎。

在伦敦的皇家学院，他以《氦气和它的性质》为题，作过非常生动而精彩的演讲。据说，卢瑟福每次在皇家学院作报告时吸引听众的盛况，是自戴维爵士和法拉第以来保持的最高纪录。

1928 年，正当卢瑟福忙于频繁的社交活动时，突然接到父亲去世的消息，卢瑟福沉浸在深切的悲痛中。詹姆斯·卢瑟福勤俭敬业，劳碌一生，享年 89 岁。卢瑟福曾说，他的父亲完全可以成为一名出色的工程师，因为他操作磨坊、农田的机械，样样精通，制作的车轮也非常精巧结实。他从父亲那里继承了很多宝贵的品质。

詹姆斯·卢瑟福的晚年是幸福而欣慰的，他以自己有卢瑟福这样的儿子而自豪。

卢瑟福永远怀念自己的父亲，也怀念青年时代在新西兰度过的岁月，尤其忘不了早年研究无线电的爱好。可以说，在卢瑟福的一生中，原子物理是他事业的主旋律，无线电则是一曲优美的伴奏。

1930 年，卢瑟福在伦敦发表科学演讲，又创造了无线电史上的一个奇迹。电波把卢瑟福的声音传到了大西洋彼岸，他从前工作过的地方——加拿大麦基尔大学，有数千名听众完整地收听到了他的演说，场面热烈而激动。

演讲开始时，卢瑟福以他惯有的幽默说道："没想到，我承担了一项艰巨的任务，要在三千英里以外的地方，让听众听见我讲话的声音，我别无选择，只好求助于我沙哑的大嗓门了！"

他的老朋友伊夫博士代表加拿大皇家学会致辞。这是一次别开生面的现场直播。

伊夫博士说："听到卢瑟福爵士的声音，真让人高兴不已！世界突然变得这么近。我们不仅希望听见你的声音，而且期待在十年以内，能在屏幕上看见你本人……”

博士的这番感情洋溢的话，实际是对电视广播的预测。美国人贝尔德在五年前发明了机械扫描电视，当时英国广播公司刚开始试播。不过，这是一种30行的机械扫描电视，图像模糊不清。

就在伊夫博士致辞七年后，英国广播公司第一次播送了高清晰度电视，他的梦想成真。但遗憾的是，卢瑟福这时已经溘然长逝。

在卢瑟福生命的最后七年里，他一直精力旺盛地工作着，他的激情和活力不减当年。在这段黄昏的岁月里，卢瑟福经历了受封勋爵之喜，丧女之痛，还有发现中子的惊奇和激动。他的感情大起大落，但他不愧是卢瑟福，永远保持着一颗赤子之心。

对卢瑟福而言，最悲痛的事莫过于独生女儿的去世。

爱琳婚后一直很幸福，她同福勒博士一共生了四个孩子。1930年12月23日，她在生下第四个孩子时，不幸产后大出血，医学上叫产后血崩，抢救不及去世。当时卢瑟福夫人去新西兰了，恰好不在身边。

爱琳的死很意外，她当时只有29岁。卢瑟福和亲人们陷入巨大的悲痛中。

在很长一段时间里，卢瑟福都不能从心中抹去丧女之痛的伤痕。他明显老了，两鬓露出斑白，高大的身躯也驼了。他照常到实验室进行研究工作，仍然一丝不苟地履行公职，出席重要的集会，见到熟人点头微笑。但人们从他那双清澈的眼睛里，随时可以感觉到一种深沉的忧伤。

就在爱琳逝世后一个礼拜，1931年元旦来临。卢瑟福因为对科学的卓越贡献，在“新年荣誉册”上被授予勋爵封号，这在英国是极难得到的殊荣。遗憾的是，爱琳已经长眠地下，永远不能分享父亲的感受了。

在短短的七天里，卢瑟福全家经历了大悲大喜的冲击。对卢瑟福来说，他宁愿以自己所有的勋章和荣誉，去换回爱女年轻的生命，但那已是不可能的事了。

对待受封贵族的殊荣，卢瑟福保持着一颗平常心。按照惯例，被授予勋爵要另外取一个典雅或者隆重的封号，就像开尔文勋爵一样，他本名叫威廉·汤姆生，开尔文是他的贵族封号。但卢瑟福决定不改名字，而采用纳尔逊·卢瑟福勋爵的爵号。纳尔逊是他故乡纳尔逊镇的地名，"纳尔逊镇的卢瑟福"——他永远是个乡下孩子，新西兰伟大的儿子！

卢瑟福给老母亲拍的电报，也颇有意思。电文写道："现在给您老人家拍电报的是卢瑟福勋爵，比起我来，这是您更大的荣誉。欧内斯特。"

卢瑟福勋爵的纹章设计颇有特点：除了具有新西兰民族风情外，在纹章盾上还特地采用了卢瑟福论文中的一幅原子蜕变放射性曲线图。

卢瑟福勋爵的纹章

原子蜕变放射性曲线图

1931 年，适逢两个重大的庆典，卢瑟福以卡文迪许实验室主任的身份，扮演了重要角色。这两个庆典，一个是法拉第发现电磁感应 100 周年纪念，另一个是麦克斯韦诞辰 100 周年纪念。这两个伟人的名字是永远连在一起的。

法拉第是个铁匠的儿子，少年时当过印书学徒，后来自学成才，成为英国伟大的物理学家。1831 年，法拉第 40 岁时发现了著名的电磁感应现象，第一次揭示了电和磁的关系，为创立电磁理论奠定了基础。1831 年因此成为物理学史上值得纪念的一年。

恰好这一年的 11 月 13 日，麦克斯韦诞生在苏格兰爱丁堡。麦克斯韦读中学时就显露出超群的才华，23 岁毕业于剑桥大学。毕业后他接过法拉第的火炬，经过近十年的努力攀登，终于创立了电磁理论，并且预见了电磁波。这是 19 世纪科学史上一次振奋人心的革命，它突破经典物理学的传统观念，揭示了电磁现象的本质，使世界发生了巨大的变化。

麦克斯韦晚年负责筹建卡文迪许实验室，耗尽了心血，去世时年仅 49 岁。实验室大楼橡木门上的《圣经》题词——“主之作为，极其广大；凡乐为者，皆应考察”，就是麦克斯韦亲自选定的，意在鼓励学生探索自然之谜。

卢瑟福既是无线电事业的开拓者，又是卡文迪许实验室的现任主任，无论事业还是专业，他都是麦克斯韦的继承者。卢瑟福在先后举办的汤姆逊七十寿辰和麦克斯韦百年诞辰庆典上，表达了对两位先辈的敬佩之情。卢瑟福还在《泰晤士报》和其他报刊上撰写了许多文章，以纪念这两位伟人。

普朗克、玻尔等许多欧洲著名的科学家，也出席了麦克斯韦的百年诞辰庆典。在庆典的发言中，玻尔盛赞了麦克斯韦的贡献。在讲话结尾时他说：“现在，整个科学界都翘首以待，在一个崭新的实验物理学领域里进行探索，有所发现和突破。这个崭新的物理学领域，就是在现任卡文迪许教授卢瑟福勋爵领导下的实验室所进行的工作。我为能在此时此地表达这种急切心情而感到由衷的高兴！”

玻尔的话，预言了物理学的一个新时代的到来。

这位丹麦科学家预言的重大突破，在第二年即 1932 年，在卡文迪许实验室实现了。首先是科克拉夫特和瓦尔顿两位年轻的研究员进行了“原子分裂实验”，接踵而至的是查德威克一举发现了梦寐以求的中子。

原子分裂了

yuanzifenliele

这里先说著名的“原子分裂实验”。

卡文迪许实验室来了两个年轻的博士生，一个叫科克拉夫特，另一个叫瓦尔顿。在卢瑟福的悉心指导下，他们采用电压倍加的原理，设计了一台大型高压加速器，电压可以倍加到77万伏。两人把这台加速器命名为“当代炼金术”，这正好是卢瑟福的一本书名。

在卢瑟福的支持和鼓励下，他们用这台新装置把质子加速后去轰击锂靶，结果出现了惊人的情况：原子量为7的锂原子被质子渗透后，形成一个原子量为8的不稳定原子；它很快又分裂成两个原子量各为4的氦原子！换句话说，锂+氢核变成了氦。他们成功地实现了核转变。

查德威克曾想用20万伏高压加速质子，然后打入原子，寻找中子的证据，但未能实现。后来卡皮查曾获得27万伏的高压，可惜也功亏一篑。科克拉夫特、瓦尔顿两位幸运儿后来居上，却获得了意外的成功。

1932年4月20日，卢瑟福在英国皇家学会报告了这一发现。虽然卢瑟福讲话时尽量保持平静，也不作任何渲染，但在座的人都意识到，玻尔预言的新时代——原子时代已经来临了。

有的记者在现场听了卢瑟福的报告，竟然激动得热泪盈眶。

它的意义不仅仅在于实现了元素转变，因为卢瑟福早就实现了氮到氧的嬗变。它的重要价值在于，首次采用人工加速器加速粒子，成功地轰击原子，由于被加速的粒子具有更大的能量，所以能使锂原子核一分为二！可以说，这是真正意义上的分裂了原子。卢瑟福先前的分裂实验只是击“破”了原子核。

在卡文迪许实验室取得的这一成果,立刻引起了轰动。

英国的各大报纸,都在头版头条报道了这个消息。

“原子分裂了！”

玻尔也给卢瑟福来信,高度评价了科克拉夫特和瓦尔顿的工作,并在信中激动地表示,未能在卡文迪许实验室分享这一实验是件遗憾的事。

科克拉夫特和瓦尔顿的贡献对核物理的发展有着重大影响，两人因此荣获 1951 年的诺贝尔物理学奖。

卢瑟福和两位助手科克拉夫特、瓦尔顿

其实在科克拉夫特和瓦尔顿之前,美国和德国都有科学家建造了加速器,可惜他们没有成功地进行核反应。美国人使用了两种办法:台斯拉线圈和开尔文勋爵提出过的金属球高压发生器,可把电压升至几百万伏。德国科学家则企图采用脉冲发生器加速质子。还有一位更胆大的德国人布拉什,竟想利用雷电的超高压来实现核转变,他模仿富兰克林冒险把雷电从天上引下来,接在放电管上,结果实验失败,他的一位同伴竟遭到雷击而丧生。

科克拉夫特和瓦尔顿的原子分裂实验,开了人工粒子加速器的先河。不过他们的电压倍增器属于比较原始的加速器，而且上述所有这些实验都受到高电压的局限,因为粒子的能量直接来自电压。而由于绝缘的困难,高电压不可能无限制地增高。

卢瑟福和同事在卡文迪许实验室(1932 年)

于是有的科学家另辟蹊径，希望找到在低电压条件下获得高能粒子的方法。这是一种极妙的逆向思维。一位年轻机智的美国教授劳伦斯博士，想出一个非常巧妙的办法。他改用磁场来加速粒子，发明了回旋加速器。这种加速器的原理，是让正粒子在磁场的作用下，在两个半圆形电极之间回旋加速，电极上加不到 1 千伏的电压，竟能得到 8 万伏的加速效果。

1932 年秋，劳伦斯用一个新的回旋加速器，很容易地重复了科克拉夫特和瓦尔顿的锂原子分裂实验。他的回旋加速器直径还不到 30 厘米。劳伦斯的发明为加速粒子提供了强大的武器，揭开了核物理研究崭新的一页，他因此获得了 1939 年的诺贝尔物理学奖。

当科克拉夫特和瓦尔顿潜心研制加速器时，查德威克也在努力追寻中子的踪迹。在卢瑟福的总指挥下，卡文迪许实验室各路人马分兵挺进。自然，攻克中子是最顽固的一个堡垒。

在 1929 年前后，卢瑟福和查德威克把希望寄托于某些元素上。在人工转变实验中有些元素不发射质子，那么是否可能发射不受磁场偏转的中性粒子呢？他们对原子量为 9 的铍特别感兴趣。因为铍在 α 粒子轰击下就不发射质子，而且铍矿含有大量的氦，这说明有可能铍核在辐射的作用下，分裂成了两个α粒子和一个中子。

查德威克和助手做了大量的实验，用α粒子轰击铍，采用闪烁法来检测有无效果，后来又用β粒子和γ射线作炮弹轰击，但都没有成效。有一次，他们用钋做辐射源，对铍进行观测，在一瞬间似乎出现了期待的证据，大家兴奋不已。但即刻证据就消失了，而且再也没有出现过。

不过查德威克矢志不移，坚信神秘的中子一定存在。

卡文迪许实验室的全体同事们，对此也坚信不疑，尤其是那位苏联学者卡皮查，更是个铁杆中子派。在他组织的“卡文迪许俱乐部”周末聚会上，“中子”经常成为讨论的主题。

问题的关键是一直找不到证据。

查德威克后来回忆说：“我仍在黑暗中摸索。”

KEXUE JUREN DE GUSHI

不倦的“鳄鱼”

中子！中子！

zhongzi zhongzi

正当他们山重水复疑无路时，1930年，德国人玻特博士率先公布了用α粒子轰击铍的实验结果。

玻特是柏林著名的科学家，曾在盖革的研究所工作过。他改进了盖革的计数器，用于探测微观粒子，检测效率比通用的闪烁计数法又提高了很多。从1928年起，玻特和他的学生贝克尔用钋放射的α粒子轰击了一系列轻元素。他发现α粒子轰击铍时，会使铍发射出穿透力极强的中性射线，强度比轰击其他元素得到的大10多倍，穿透力比γ射线更强。

玻特于是断定，这种射线是一种贯穿力更强的γ射线。

在巴黎实验里，约里奥·居里夫妇(即居里夫人的女儿和女婿)也在进行类似的实验。他们用的检测仪是静电计，没有玻特的计数器灵敏，不过夫妇俩拥有很强的放射源，这是别人不具备的独家优势。在实验进行中，约里奥·居里夫妇将一块石蜡板放在铍辐射源和游离室之间，发现静电计指数激增。石蜡含氢，这表明可能是氢核被铍辐射轰击形成的新射线。经过磁场检测，射线有偏转，发现它是一种速度很高的质子流。这个实验很有新意。

但是这对科学家伉俪犯了个错误，他们没有从能量的角度计算一下，什么样的粒子"炮弹"才可能打出质子来，并且使质子产生高速运动。和玻特一样，他们也误认为铍辐射的是γ射线。

1932年1月18日，约里奥·居里夫妇在《通报》上发表论文，宣布了实验结果。他们在论文中感叹道，铍辐射的能量如此之大，居然能把氢核(即质子)从石蜡板中撞击出来。

查德威克

查德威克在一天清晨读到这篇论文，惊讶万分。

他立即奔进卢瑟福的房间，报告了此事。

“据《通报》报道，约里奥·居里夫妇用铍辐射的γ射线，把氢核从石蜡板中打出来了！”

卢瑟福的脸上掠过了惊奇的表情。

“我不相信！”他喊道。查德威克从来没有看到卢瑟福这么激动过。他可能是不相信那是γ射线。

查德威克立即进行实验，检验约里奥·居里夫妇的结果，他尽力克制自己，做实验时保持客观的态度，但心中强烈地预感到：这就是他寻找了多年的中子！

玻特的检测仪器比查德威克的灵敏，约里奥·居里夫妇的放射源比查德威克的强得多，所以他们都检测到了中子，而查德威克一直检测不到。可是极富戏剧性的是，三个大师都不知道自己逮住的中性粒子就是中子，而查德威克一眼就看穿了，这就是他梦寐以求的中子！真是踏破铁鞋无觅处，得来全不费工夫。

区别就在于查德威克是有准备的头脑，而玻特和约里奥·居里夫妇是没有准备的头脑。

查德威克使用一种新的检测仪器和钋源，进行了几天几夜紧张的实验，他复核了玻特和约里奥·居里夫妇的结果，事实一样，但结论完全不同。2月17日，在约里奥·居里夫妇论文发表后不到一个月，查德威克写信给《自然》杂志，通报了自己的结果。

这篇文章题为《中子可能存在》。文章写道:“如果我们假设这种放射性物质是由质量为1、电荷为零的粒子,即中子构成的,那么一切难题都迎刃而解了!”

紧接着,他又在英国《皇家学会学报》上正式报告了自己的实验结果,论文的题目由可能变成事实,即《中子的存在》。

查德威克以一系列实验确凿地证明了,铍源发射出的穿透力极强的中性粒子并不是γ射线,这种新粒子的速度是光速的十分之一,比γ射线(以光速传播)慢得多。而且γ射线无论如何也不可能具有如此之大的能量,能把质子从石蜡板中撞击出来。他把这种神秘的中性粒子命名为“中子”。查德威克还用云室方法测定出中子的质量与质子的质量非常接近,为1.0067原子质量单位。中子的质量实际是1个原子质量单位,这0.0067(不到千分之七)为测量允许的误差。

卢瑟福12年前预言的中子,终于被揭开了神秘的面纱。

中子的发现具有特别重大的意义,影响深远。它澄清了原子核的内部结构,奠定了核物理学的基础,为人类获取原子能提供了有效的武器。因为它是比α粒子威力更大的“核弹”。意大利物理学家费米,后来就是用中子作炮弹,取得一系列辉煌的成就。由此可见,对于揭开原子核的秘密,中子的发现确实具有革命性。

查德威克因为发现中子,于1935年荣获诺贝尔物理学奖。

中子的发现过程颇有点传奇色彩,也颇耐人寻味。

查德威克最后夺得头功不是偶然的。十二载的苦苦追寻,历尽曲折,功夫不负有心人。约里奥·居里夫妇后来曾说,可惜他们没有读过并领会卢瑟福1920年的演讲,不然就不会看着中子从眼皮底下溜掉了!

原子物理新纪元

yuanziwulixinjiyuan

由于查德威克发现了中子，加上回形加速器的发明，1932年成了值得纪念的一年。这两大事件标志着一个崭新的原子时代的开始，核物理学的发展从此势如破竹。科学史家把核物理学的诞生定为1932年，是有道理的。

有趣的是，卢瑟福亲眼看见他当年预言的几乎所有细节都变成了事实。中子的确不同凡响。这家伙调皮异常，极难管束，而且经常闯祸。一般的密封容器关不住中子，只有厚厚的水幕才能挡住它。卡文迪许实验室为此专门建了一个宽三英尺的水箱，用来作仪器的护墙。即便这样，仍难免有个别中子跑出来，到处乱窜。

中子既然如此有活力，它必定会有大的造化。罗马大学的青年教授费米第一个看出这点。1934年，约里奥·居里夫妇发现人工放射性的消息传来后，费米采用中子作为特种炮弹去轰击元素，大为奏效。这位奇才照着元素周期表的顺序，几乎轰遍了所有的元素，在短短的几个月里，竟制造出40多种人工放射性元素来！

费　米

费米在1934年用中子作炮弹，把原子序数为92的重元素铀核一举打裂成几块，这实际上是连他本人都没意识到的重核裂变现象。五年后，卢瑟福从前的学生德国科学家哈恩用慢中子轰击铀，也意外地实现了核裂变，但他也无法解释自己的发现。哈恩原来的一位同事——杰出的犹太女物理学家梅特纳获知这个消息，立刻明白了这是意义极大的重核裂变现象，它意味着原子核里蕴藏着巨大的能量。

不过遗憾的是，卢瑟福并没有估计到核物理的运用前景。

当时的报纸曾经有文章预测，将来总有一天，原子能会成为工业的一种能源。1933 年 9 月，在不列颠学会演讲中，卢瑟福针对这种意见表示了不同看法。

卢瑟福说："固然，通过这些方法，我们可以获得比目前提供的质子高得多的能量，但一般来说，我们不能指望通过这种途径来取得能量，因为这种生产能的方法效率极低，是微不足道的。把原子嬗变看成是一种动力的来源，只不过是纸上谈兵而已！"

这有点像赫兹。赫兹发现电磁波的第二年，有位工程师朋友问他，能否利用电磁波进行通讯。赫兹当时未预料到自己的发现会导致一门崭新的技术——无线电的诞生，于是答复说："如果要用电磁波进行信息传递，大约需要一面像欧洲大陆那样大的反射镜才行。"

事实证明，这一次卢瑟福爵士的判断失误了。

只过了 10 年时间，即 1942 年，费米就在美国芝加哥大学建造了第一座核反应堆。又过了 9 年，美国爱达荷州的一台实验性反应堆第一次发出核电来。再过了 5 年，英国首先建成世界上第一座商业性核电站。科学的发展必然会带来技术的重大突破，有时它甚至会超出人们的想象。

1933 年剑桥大学的蒙德实验室落成。这座实验室是卡文迪许实验室的扩展，由蒙德先生出资兴建。苏联客座研究员卡皮查的主要研究项目将在新实验室里进行。实验室的落成典礼很隆重，由剑桥大学校长鲍德温爵士剪彩。

在实验室大门的右旁，雕刻着一条鳄鱼。这是卡皮查特地请一位雕塑家刻

的。那位艺术家还塑了一个卢瑟福的半身像和蒙德先生的圆形浮雕。据说鳄鱼是一种从不向后看的动物，它象征着卢瑟福坚忍不拔、勇往直前的性格和精神。正如卢瑟福的一个同学曾经说过的："当他一旦认准了目标，他就会百折不回地朝着主要目标走去。"

卡皮查从1925年起就在卡文迪许实验室工作，成绩卓著。卢瑟福在落成典礼的致词中，高度评价了卡皮查的工作和敬业精神，他祝愿新的实验室早日结出硕果。遗憾的是，卡皮查次年返苏访问后，再也没能够回到实验室来。

61岁的卢瑟福没有意识到，自己的生命只剩下最后5年。

他仍然精力旺盛地参加学术活动，关注着原子物理的最新发展，尤其是美国人尤里发现了重氢，更引起卢瑟福极大的兴趣。

聪明的读者也许注意到一个事实——在元素周期表上，所有元素的原子核都由质子和中子组成，唯独1号元素氢例外，它的核只是一个质子。这不是有点费解吗?造物主对所有的孩子都是一视同仁的，为什么唯独氢核没有中子呢?这得讨个说法。

有的科学家也在这样想，还有的科学家早就发现，天然的氢原子量是1.0079，而不是标准的1。于是猜测在自然氢中，除了原子量为1的氢1 H以外，还可能有少量氢的同位素2 H存在——它的原子量为2，即它的核由一个质子和一个中子组成。尤里是美国哥伦比亚大学化学教授，曾在玻尔的研究所进修过，经过两年多的反复探索和测试，他于1932年发现了原子量为2的重氢2 H，取名为氘(dāo)。

氘的原子核由一个质子和一个中子构成。实际上，它才应该是元素周期表第一号交椅的真正主人，核内无中子的"氢"不过是冒名顶替而已。

在英国皇家学会上，物理学家们对氘展开了激烈的争论。

索迪反对把氘称作氢的同位素，他认为同位素不是廉价的挡箭牌，谁都可以随便捡来用。而且索迪坚持同位素是不可以分离的。正在卡文迪许做客的玻尔，则支持他的美国学生的结论，他说，既然原子核上的电荷是相同的，氘就是氢的孪生兄弟。

主持这次会议的卢瑟福，见两位诺贝尔奖高徒争得相持不下，不禁笑起来调解道："索迪是同位素的发现者，对同位素自然拥有最权威的发言权……不过在他发现同位素以来，好多年过去了，我们已经发现了不少具有相同核电荷的东西，双胞胎、三胞胎的同位素都可能存在。"

"那先生认为氢有您说的'三胞胎'吗？"索迪俏皮地问道。

"我想这是可能的。"卢瑟福回答得颇为认真。

"我也相信。"玻尔说。

除了学术研讨会，卢瑟福需要参加不少社会活动，他还担任了英国政府科学和工业研究部的顾问委员会主任，参与制定一些有关的政策。当时法西斯主义正在德国甚嚣尘上，不少学者受到迫害。他主持了"科学救援委员会"，为众多逃离纳粹魔掌的科学家们筹集基金。爱因斯坦也应邀到会讲了话。卢瑟福还积极参加了国际性的放射性治疗癌症的研究工作。研究者用密封在一个厚壁容器里的镭，照射患者的癌部位。

卡文迪许实验室对原子的探索继续进行着，只要有可能，卢瑟福仍然亲自参加重要的实验。

1934 年，约里奥·居里夫妇用 α 粒子轰击铝、硼、镁等某些轻元素时，发现可以使这些轻元素人为地产生放射性，这是以前没有发现过的现象。卢瑟福获知约里奥·居里夫妇的发现，马上以极大的热情进行跟踪研究。

他分别使用轻、重元素进行了一系列实验，看能否扩大人工放射性的产生范围。不久，卡文迪许实验室就宣布，像铀这种排在周期表末尾最重的元素，如果用中子来轰击，也能产生至少四种不同的放射性物质。这和费米在罗马进行的实验不谋而合。

最后的岁月

zuihoudesuiyue

繁忙的社会活动，不停顿地实验研究，使卢瑟福显得苍老了。人们发觉他的头发完全灰白，身躯也弯了，但他走路的步态还是那样稳健，活像一头刚从冰窟出来的北极熊。

卢瑟福难得偷闲，和亲人们去度假是他最轻松的时候。在威尔特夏农庄，他们有一座别墅，卢瑟福夫人把那里的花木修剪得很漂亮。卢瑟福偶尔也打一下高尔夫球。和几个外孙、外孙女在一起玩耍时，他的童心又复活了。他给孩子们讲连续故事，常常故意颠三倒四，要小家伙们给以纠正。他还经常想出一些其他花招，来和孩子们一道玩。

1935 年 7 月，卢瑟福的老母去世，终年 92 岁。卢瑟福对母亲永远怀着一种特殊的感情。他最难忘当年在地里挖土豆时，妈妈跑来告诉他获取奖学金的情景。40 多年的岁月，世界发生了多么巨大的变化啊！他本人也从一个新西兰穷乡村少年，成长为举世闻名的科学家，他永远感激哺育了他的故乡，感激他的母亲，也感激一切帮助过、提携过他的人。

岁月缓缓流逝。

尽管卢瑟福的思想仍保持着旺盛的活力，他的工作却不知不觉地接近终点。卢瑟福亲自参与的最后一项研究，是探索原子量为 3 的氢，他的助手是奥利芬特。为了分离出这种物质，需要浓缩数千吨的重水。最后他们终于证明，用高速粒子轰击重氢制品，可以获得原子量为 3 的三重氢，也就是 3 H。

给它命名很有意思，重氢因为原子量为 2，在“气”字下加两竖就成了氘；三重氢因为原子量为 3，所以在“气”字下面加三划，于是它的大名就成了氚

(chuān)。原子量为 1 的氢，自然就该叫氕(piē)，它是氢的主要成分。

虽然当时分离出的氚数量很少，卢瑟福终于找到了氢的“三胞胎”。他几十年的科研生涯，最后画上了一个完满的句号。

1937 年，卢瑟福出版了最后一本书，书名意味深长:《当代炼金术》。这是一本阐述元素转变的专著，颇受欢迎。

同年 8 月 21 日，卢瑟福在《自然》杂志上发表了一篇文章，介绍氚的研究进展，这是他的最后一篇论文。

两个月后，卢瑟福溘然长逝，终年 66 岁。

那一天是 1937 年 10 月 19 日。

当天，在意大利博洛尼亚城正在举行伽伐尼诞辰二百周年纪念庆典。伽伐尼是一位生物学家，1737 年出生于博洛尼亚，他因解剖青蛙时发现了“伽伐尼电流” 而成为电学史上的著名人物。欧洲许多物理学家应邀出席了这次纪念会，卢瑟福因为卧病在床没有到会。

庆典的开幕式在晚上举行，由玻尔致开幕词。他正在致词过程中，大会意外收到从伦敦发来的电报:卢瑟福勋爵逝世了！玻尔拿到电报，顿时泪流满面，泣不成声。上帝安排他向大会宣布了这个噩耗，全场的人闻讯后无不为这位原子物理之父的去世感到沉痛和惋惜。

卢瑟福的去世很突然。卢瑟福晚年患有疝气病，当天他在医院做疝气手术。据说手术时他“很有耐心，有勇气，不叫苦，而且仍然开玩笑，仍然有心情对手术中所用吸管的力学发生兴趣”。但在手术结束时，卢瑟福却永远离开了这个世界。这是一次医疗事故导致的悲剧。在他逝世前一个小时，还曾向夫人交代说:“我要给纳尔逊学院留下 100 英镑，你亲自替我办理这件事吧。”

这个新西兰的伟大儿子，最后挂念的仍然是他的故乡母校！

次日，玻尔在一个简短的悼念讲话中，追念他终生爱戴的导师说:

“随着卢瑟福的去世，曾经在科学中工作过的最伟大人物之一的生命结束了。在我们看来，进行比较将远非卢瑟福的精神。但是我们可以像人们曾经谈论伽利略那样地谈到他：当他离开科学时，科学的状态已经和他刚见到它时大不相同了……”

11月25日，在剑桥大学三一学院教堂隆重地举行了卢瑟福的追悼会。葬礼在伦敦威斯敏斯特教堂举行。出席葬礼的除了卢瑟福的亲人，还有国王代表、内阁成员和一些著名的科学家，包括卢瑟福的导师和老友、81岁的汤姆逊爵士、他的同事和学生狄拉克、卡皮查等。玻尔专程赶到伦敦参加了恩师的葬礼。葬礼非常庄严和隆重，大家含着热泪向他默哀。

卢瑟福的骨灰安葬在威斯敏斯特公墓。

在他的坟墓附近，安息着伟大的牛顿和开尔文勋爵。

葬礼之后，卢瑟福夫人把卢瑟福生前使用的一个银制烟盒交给玻尔，作为永久的纪念。

“在所有的弟子中，他最器重和喜欢的就是你。”卢瑟福夫人说。

“我知道，他就像我的第二父亲。”

摩挲着这个烟盒，他又想起他和卢瑟福抽着烟斗彻夜长谈的情景。

桃李满天下

taolimantianxia

卢瑟福给后世留下了丰厚的科学遗产。

在他初出茅庐的时候，人们还不知道原子究竟是什么。当他功成名就时，人类已经进入一个辉煌的原子能时代。一代科学工作者为此作出了贡献，而卢瑟福的功绩最大。他发现了α射线、β射线，证实了原子核的存在，首次实现了元素的人工转变，并预见了中子，为人类探索原子世界的奥秘打开了大门。

卢瑟福的卓越贡献使原子物理学的确立迈出了决定性的一步，人们公认他是“近代原子物理学之父”。

卢瑟福留给后世的宝贵的科学传统，后来由新一代物理学家发扬光大，他的学生和事业的继承者遍布全世界。

玻尔领导的哥本哈根研究所，后来成为原子物理学在欧洲的中心，玻尔本人成为丹麦皇家科学院院长。哈恩成为德国最有影响的原子物理学家，卡皮查成了苏联原子能研究的鼻祖，查德威克和科克拉夫特成为英国原子物理学的主将。

卢瑟福的事业长久不衰有一个重要原因，就是他非常重视提携后进，为后来人开路。

1921 年，卢瑟福成为“1851 年奖学金”考试委员会委员，有权对受奖人的遴选提出个人意见，他愉快而又非常尽责地担任了多年这个角色，因为他本人当年就是幸运地获得这项奖金，才有机会赴剑桥留学的。

1931 年，有人建议建造一座科学博物馆，这本来是件好事，但是由于政府的经费有限，如果按预算修造博物馆，就必须削减“1851 年奖学金”的数额。卢瑟福竭力反对这样做，他认为这样会使许多诸如加拿大、澳洲、新西兰等国家的优秀青年失去深造的机会。为了捍卫奖学金、奖掖后来的学子，卢瑟福在考试委员会上公开表态说：“如果因为修造博物馆要削减奖学金数额，那本人坚决反对这个议案。”

由于卢瑟福勋爵的坚决态度，考试委员会不得不取消削减奖学金的方案。经过与财政大臣交涉，财政大臣同意了增拨经费。最后奖学金丝毫未减，博物馆也建成了。直到生命的最后岁月，卢瑟福还在为印度的优秀学生争取奖学金的名额。

卢瑟福非常惜才和爱才。卡皮查 1934 年去苏联参加一次学术交流，结果苏联当局不允许他再回蒙德实验室，理由是他只能在自己的祖国进行科研。卢瑟福获知此事，特地给苏联政府去信呼吁，希望让卡皮查重返剑桥，继续他的研究。

不久，苏联当局回信说，他们理解英国方面希望卡皮查永远在那里工作；不过就他们而论，他们更欢迎卢瑟福勋爵能来苏联工作。

卢瑟福读罢信，知道卡皮查回不来了，心中十分惋惜。蒙德实验室拥有世界一流的设备，许多仪器是卡皮查刚刚进行了一半的研究工作所离不开的，于是卢瑟福提议，把卡皮查实验所需的全部仪器运往苏联，以便保证他的研究工作能继续下去。为此，剑桥专门派了一个代表团，赴苏会见了卡皮查和有关人士，并同苏联政府洽商，最后达成协议，以三万英镑的优惠价将这批仪器售给苏方。比卡皮查小 3 岁的师兄弟科克拉夫特，担负了护送这批仪器去苏联的任务。卡皮查终生铭记着卢瑟福的这份情意。

无论意识形态和民族有何差别，人类探索征服自然的理想和良知永远是共同的。因为后来研究核物理和超导方面的卓越贡献，卡皮查于 1978 年荣获诺贝尔物理学奖，当时他已是 84 岁的老人。这项迟到的奖励，是与两位发现宇宙背景辐射的美国人分享的。

卢瑟福又是一个伟大的良师。他竭力为年轻的科学家们创造机会，指导选题，并尽可能提供一切研究条件，使他们的才能最大限度地发挥出来。凡是在卢瑟福手下工作的年轻人，都有可能作出惊人的发现。这不是偶然的。

卢瑟福不愧是一位杰出的学术带头人。

卢瑟福的学生中有 12 位诺贝尔奖获得者，包括索迪、阿斯顿、玻尔、布莱克特、科克拉夫特、瓦尔顿、查德威克、哈恩、鲍威尔、贝蒂、赫德维西、卡皮查等。整整一打，居于世界科坛第一。有人开玩笑说，卢瑟福真成了炮制诺贝尔奖得主的冠军了。以下的亚军、季军依次为汤姆逊、玻尔和费米。汤姆逊的学生中，有 8 个荣获诺贝尔奖，其中包括他的儿子小汤姆逊 。玻尔的手下，也有 8 位诺贝尔奖得主，有趣的是其中也有他的儿子小玻尔。费米培养了 6 位诺贝尔奖获得者，其中包括中国的李政道和杨振宁。

有人问卢瑟福,怎么能培养出这么多有成就的学生。

卢瑟福回答说:“我从来不给一个人一个以上的题目,也从来不把一个人放在无用的研究项目上。”

这两句指导学生的名言,就是卢瑟福的秘诀。他让学生永远把注意力集中在一个有用的选题上,锲而不舍,终于是金石可镂。

卢瑟福精心培养学生的佳话还有很多。

据说一天夜里,卢瑟福看见实验室还亮着灯,就推门进去,一个学生正忙着手里的事。卢瑟福问他:“这么晚了,你还在干什么?”那个学生说:“我在忙工作。”卢瑟福问他白天、中午、晚上都在做什么。学生说,都在忙工作。卢瑟福于是问道:“那你什么时间来思考呢?”

还有一次在实验时,卢瑟福叫一个助手记录数据,那个助手忘了带记录本,于是随便拿了张纸来记。卢瑟福很不满意,夺过他手上的纸说:“我不是说过多次吗,测量记录不能随便记在零星的纸上!”助手红着脸说:“那我记在什么地方呢?”卢瑟福毫不犹豫地说:“就记在你衣服的袖口上,这样你就不会忘记了!”

但是卢瑟福平常学风民主,平易近人。他有一个最大的长处,就是善于倾听学生创造性的意见,虚心向年轻的科学家学习。

新西兰100元纸币上的卢瑟福像

英国发行的卢瑟福纪念邮票

玻尔提出原子结构的“玻尔模型”时,只有27岁,而且与卢瑟福的意见不完全相同。卢瑟福不但鼓励他的新见解，还亲自推荐玻尔的论文在《哲学杂志》上发表。玻尔因为这篇论文奠定了他一生事业的基础。卢瑟福后来与玻尔结成终生的友谊，他既是良师,又是益友。

这个世界永远怀念他，纳尔逊镇的卢瑟福!

附：

卢瑟福生平简历

1871 年　8 月 30 日，出生于新西兰纳尔逊镇附近的泉林村，他是家里的第四个孩子，上面有两个姐姐和一个哥哥。父亲詹姆斯·卢瑟福是一个勤勉的乡村木匠。

1875 年　4 岁，全家迁到附近一个较大的村庄福克斯希耳村，父亲在一家锯木厂工作，并利用住处前后的空地开荒种地，劳动之余还做过铁路工人。

卢瑟福小时候常到锯木厂帮父亲干活，还到地里挖土种土豆。

1876 年　5 岁，进入福克斯希耳村小学读书。

1882 年　全家迁到塔斯曼海湾的哈夫洛克，这里离纳尔逊镇很近，毗邻海峡，风光秀丽。父亲上山伐木加工成枕木出售，还试种亚麻，获得可观的经济效益。这种敢为人先的精神，对少年卢瑟福产生了潜移默化的影响。

1886 年　15 岁，获得奖学金，被保送到纳尔逊镇高级中学纳尔逊学院五年级读书。

1889 年　18 岁，以优异成绩毕业于纳尔逊学院，幸运地考上大学奖学金，进入坎特伯雷学院学习。

两次奖学金改变了卢瑟福的一生。

1890 年　在坎特伯雷学院遇见两位令人敬仰的教授——物理学家比克顿和数学家科克，为卢瑟福以后的成长奠定了重要的基础。

1891 年　大学三年级时成为坎特伯雷学院科学研究学会的首批会员。提出

《元素的演变》讨论题目，在科学研究学会上展开热烈讨论。这是卢瑟福初次对元素进行探讨，也是他科学伟业的起点。

1892 年 21 岁，毕业于坎特伯雷学院，取得文学学士学位。

1893 年 因数学成绩优异获得奖学金，继续留校读研究生，获得文学硕士学位。

1894 年 卢瑟福决定再读一年，希望获得要求很高的理科学士学位。他选择当时最新的科学发现“赫兹波”无线电作为研究课题，改进了法国科学家布冉利发明的金属屑检波器。

初夏，在坎特伯雷学院科学研究学会上宣读论文《使用高频放电法使铁磁化》。这篇具有独到见解的论文使卢瑟福获得理科学士学位。同年，该论文在《新西兰协会学报》上发表，青年无线电发明家卢瑟福的名字引起学术界的关注。论文发表后不久，卢瑟福在一座 18 米长的工棚里，做了一次用电磁波传递信息的表演，人称“越过新西兰上空的第一份无线电报”。

1895 年 获得新西兰每年仅一个名额的英国“1851 年奖学金”，带着比克顿教授的推荐信和自己发明的“磁性检波器”，赴英国剑桥大学卡文迪许实验室做博士后研究，深得实验室主持人、大科学家汤姆逊教授的赏识。

刚到剑桥时，整日埋头苦读，被看做是“从新西兰乡村飞来的笨鸟”。同年，继续从事电波接收研究。在汤姆逊的指导下，进一步改进自己发明的“磁性检波器”，提高了灵敏度，在剑桥城区成功地实现了 800 米远距离的电波传送，创下了当时的世界纪录。

1896 年 卢瑟福和汤姆逊联名发表了论文《通过高频放电使铁磁化以及关于短钢针效应的研究》。

初夏，意大利青年发明家马可尼的收发报机取得英国政府专利；不久，马可尼在相距300米远的两座大楼之间进行了电波收发试验；几个月后，马可尼在英国邮电总局总工程师普利斯的帮助下，在英国索尔兹伯平原上进行了远达8千米的无线电信号传递试验。

1897年　汤姆逊宣布发现了电子。电子的发现表明有比原子更小的微粒，从而揭开了人类认识微观世界的序幕。这是世纪之交物理学最伟大的发现，引起物理学界的广泛瞩目。

在汤姆逊的指导下，卢瑟福的研究目标转向一个全新的领域——原子物理学。整个1897年，卢瑟福都潜心于气体放电的研究。

1898年　卢瑟福从铀辐射中发现α射线和β射线。这一重大发现得到汤姆逊的赏识。

9月，卢瑟福赴加拿大蒙特利尔，应聘为麦基尔大学物理系实验室主任、教授。

临行前，完成了发现α射线和β射线的研究论文《铀辐射和它产生的电导》。该论文第二年在《哲学杂志》上发表。

1899年　5月，卢瑟福应加拿大皇家学会邀请，在渥太华向几百名听众作题为《无线电报》的科普报告，并当场演示了他在新西兰和英国使用过的"检波器"发明。

1900年　初夏，卢瑟福回到阔别多年的新西兰探亲，并举行婚礼。新娘名叫玛丽。有情人终于成眷属。

1901年　3月30日，独生女儿爱琳·玛丽诞生。

同年，在麦基尔大学作无线电演讲，轰动一时，盛况空前。

1902年　卢瑟福和索迪提出元素蜕变假说，指出原子并不是最小的微粒，它是可以分割的！这一理论推翻了物理学的传统观念，是带有革命性的。

对无线电仍然很痴迷，在加拿大铁路部门支持下，成功地在8英里

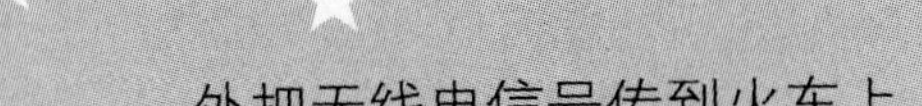

外把无线电信号传到火车上。

1903 年　进一步研究证实，β 射线带负电，实际是一种高速电子束。

由于卢瑟福杰出的研究成果，英国皇家学会授予他为皇家学会会员。

1904 年　出版了专著《放射学》。

英国皇家学会授予卢瑟福兰姆弗德勋章。卢瑟福的声誉越过了国界，许多大学授予他名誉学位，并邀请他去讲学。

1906 年　35 岁，卢瑟福荣任加拿大皇家学会物理分会主席。

汤姆逊因为发现电子荣获 1906 年诺贝尔物理学奖。

1907 年　10 月，回到英国，在曼彻斯特大学担任教授。

1908 年　研究证实，α 粒子就是带两个正电荷的氦原子。

获得都灵科学院奖给最优秀物理学家的布列沙奖金。

11 月，因为 1903 年提出放射性元素蜕变理论，37 岁的卢瑟福荣获该年度诺贝尔化学奖。

1909 年　因为发明无线电，35 岁的马可尼荣获 1909 年诺贝尔物理学奖；同时获得该年度诺贝尔物理学奖的，还有发明耦合电路和定向天线的德国科学家布劳恩。

1910 年　应邀访问欧洲。在比利时布鲁塞尔出席国际放射性会议，见到慕名已久的居里夫人。

年底，在著名的金箔实验中，发现了原子有一个核。这是他一生中最重要的发现。

1911 年　5 月，在《哲学杂志》上发表了论文《物质对 α、β 粒子的散射和原子结构》，提出“卢瑟福原子模型”。

10 月，在布鲁塞尔参加第一届索尔维国际物理会议。

1912 年　3 月，27 岁的丹麦青年学者玻尔慕名投在卢瑟福麾下作博士后研究。

7月，玻尔写成了论文《卢瑟福备忘录》。

1913年 玻尔的论文《原子和分子结构》，经卢瑟福推荐在《哲学杂志》上发表。在这篇论文中，玻尔提出了著名的“玻尔原子模型”，第一次圆满地解释了原子的稳定性、原子的电子层结构以及元素的周期律等。

1914年 2月12日，为表彰卢瑟福对原子物理科学的杰出贡献，英皇乔治五世授予他爵士勋章。

4月，应邀到美国讲学，在华盛顿国家科学院作了关于《原子结构及元素的演变》的学术报告。

5月，在澳大利亚墨尔本作了题为《原子和电子》的科普讲演。

6月28日，奥地利皇太子斐迪南大公被刺，导致第一次世界大战爆发。卢瑟福被迫羁留在澳大利亚。

9月初，回到英国。因为战争，卢瑟福的科研团队人员星散。

1915年 7月，卢瑟福受命加入英国海军研究部，负责研究跟踪德国潜艇的声呐技术以及其他水下仪器。

1917年 参加英法两国联合成立的委员会，先后到法国和美国华盛顿，向美国提供声呐技术咨询。

在巴黎再次会见居里夫人。

美国耶鲁大学授予他科学博士学位。

1919年 3月，汤姆逊升任剑桥大学三一学院院长，推荐卢瑟福回剑桥大学出任卡文迪许实验室主任。在这里，卢瑟福培育出大批的诺贝尔奖得主，他的学生有丹麦的玻尔、德国的哈恩、新西兰的阿斯顿、苏联的卡皮查，以及英国的查德威克和科克拉夫特，还有瓦尔顿、鲍威尔、贝蒂等12位诺贝尔奖得主。

秋天，宣布来剑桥后的重要发现：用α粒子作炮弹轰击原子核，实现了元素的人工转换。

1920 年　6 月，在贝尔克演讲中提出著名的“中子假说”。

1921 年　从 1921 年开始，卡文迪许实验室在卢瑟福领导下，开始了一系列追寻中子的实验。

他的学生索迪因提出同位素假说获得 1921 年诺贝尔化学奖。

女儿爱琳与青年物理学家福勒结婚。

1922 年　卢瑟福最得意的学生玻尔获得 1922 年诺贝尔物理学奖；他的另一个得意门生阿斯顿获得该年度诺贝尔化学奖。卢瑟福的学生包揽了 1922 年诺贝尔物理学、化学双奖，一时成为世界科坛的佳话。

1923 年　秋天，不列颠学会年会在利物浦举行，卢瑟福担任年会主席。为了对卢瑟福早年研究无线电表示崇敬，英国电台破天荒地现场直播了卢瑟福在年会上的演讲，轰动一时。

1925 年　元旦，获英皇乔治五世授予的新年荣誉勋章。

初夏，54 岁的卢瑟福当选为英国皇家学会主席。

访问澳大利亚。回到新西兰，受到皇室成员般的隆重接待。回纳尔逊家乡看望父母和亲人。卢瑟福的衣锦还乡在纳尔逊引起轰动，人们奔走相告：“乡下的孩子发迹了！”

1928 年　父亲詹姆斯·卢瑟福去世，享年 89 岁。詹姆斯勤俭敬业，劳碌一生，他以有卢瑟福这样的儿子而骄傲。

1930 年　12 月 13 日，女儿爱琳在生第四个孩子时不幸大出血去世。

1931 年　元旦，卢瑟福被封为“纳尔逊·卢瑟福男爵”。

1932 年　卡文迪许实验室的两个年轻研究员科克拉夫特、瓦尔顿在卢瑟福的指导下，用加速的质子去轰击锂靶，成功地使锂原子核一分为二！

4 月 22 日，卢瑟福在英国皇家学会报告了这一成果，引起轰动。

同年，查德威克发现了中子。

1935 年　7 月，母亲去世，享年 92 岁。

1937 年 出版了最后一本书《当代炼金术》，这是一本阐述元素转变的专著。

8 月 21 日，在《自然》杂志上发表了最后一篇论文，介绍氚的研究进展。

10 月 19 日，在剑桥溘然长逝，终年 66 岁。安葬在威斯敏斯特公墓。在他的墓地附近，安息着伟大的牛顿、达尔文等科学巨匠。

图书在版编目（CIP）数据

卢瑟福 / 松鹰著. -- 太原：希望出版社，2012.6
（科学巨人的故事）
ISBN 978-7-5379-5760-1

Ⅰ. ①卢… Ⅱ. ①松… Ⅲ. ①卢瑟福（1871~1937）-生平事迹-青年读物②卢瑟福（1871~1937）-生平事迹-少年读物 Ⅳ. ①K836.126.1-49

中国版本图书馆 CIP 数据核字（2012）第 092317 号

科学巨人的故事

卢瑟福

松　鹰　著

责任编辑　谢琛香
美术编辑　白　翎
复　　审　武志娟
终　　审　杨建云
装帧设计　柏学玲
责任印制　刘一新

出　　版：山西出版传媒集团·希望出版社
地　　址：太原市建设南路 21 号
开　　本：720 × 1000　1/16
印　　刷：太原市财苑印刷有限公司
印　　张：9.25　185 千字
版　　次：2012 年 8 月第 1 版
印　　数：1-10000 册
印　　次：2012 年 8 月第 1 次印刷
标准书号：ISBN 978-7-5379-5760-1
定　　价：18.50 元

编辑热线　0351-4922124
发行热线　0351-4123120　4156603